ポスト福祉国家の展開

―理想の国を求めて―

内海 としみ 著

青山社

はじめに

　「福祉国家」は、人類がその誕生から現在に至るまでに長い試行錯誤を経て作り出したひとつの理想像であり、人間社会は、多種多様な福祉国家の共存により成り立っているとも言える。人々が福祉国家にたどり着くまでには長い歩みが存在しており、また福祉国家にたどり着いた多くの現代国家が今後どのような方向に進もうとしているのかもまた一様ではない。本書はこの「福祉国家」という、人類の歴史の終着点であり、また同時に出発点とも言える事象に焦点を当て、行政サービスや公務員制度と関連づけながら、福祉国家の全体像を検証していくものである。このように書くと難解な議論を展開するものと思われるかもしれないが、むしろ、市民一人ひとりが、"なぜ自分はこの土地（国）にすんでいるのか"、"自分が支払っている税金に見合う行政サービスを、公的セクターから保障されているだろうか"、言い換えれば、市民一人ひとりが、税金を納める国民の一員として、"どのような公務員に"、"どのような行政サービスを実施してもらい"、その結果"どんな生活が実現できればよいか"、といった素朴な疑問を考える手助けとなる、ガイドブックのようなものであると考えてほしい。

　「福祉国家」というのは、読んで字のごとく何らかの福祉サービスを提供する国家であるが、これが誕生したのは20世紀に入ってからである。それまでの国家（夜警国家と呼ばれる）と福祉国家との大きな違いは、"公共の福祉（国民みんなの幸せ）"のために何らかの公的サービスを政府が提供する点であり、福祉国家に住んでいれば、私たちは自分がどのような状況におかれても、それぞれの福祉国家が定める"最低限度の生活"は保障されることになる。そのために人々は普段から税金を払い、多くの公務員を雇い、公共サービスを提供するしくみを作り出したのである。世界の多くの開発途上国は、残念ながらまだこの福祉国家を作り出す途上にあり、すべての国民の最低限度の生活を保障できる仕組みが十分に機能していない。その意味で、福祉国家はひとつの人類が作りあげた理想の国家像であり、開発途上国に住む多くの人々が、これをめざして国家づくりに励んでいることになる。同時に、国により最低限度の水準は異なるが、いずれにしても一定の生活保障のしくみを整備し

た先進諸国はみな「福祉国家」であると言えるが、その現在の姿は様々であり、多くの国々でよりよい福祉国家の創造に向けて、日々試行錯誤が続いている状況である。現状に100％満足し、改革を全く行っていない国は世界広しといえども存在せず、この「福祉国家」を出発点として、人類は未来に向けて、よりよい共存社会を作り出すべく努力しているのである。

　わが国においても、第2次世界大戦後に作られた日本国憲法の第25条において、すべての国民の"健康で文化的な最低限の生活"が保障され、それを実践するための様々な公的サービスが整備されてくることになる。最初は農業政策、経済産業政策といった"金銭的に"衣食住足りる生活を保障するための諸政策が展開され、高度経済成長期以降は、福祉政策、教育政策、環境政策など、財政的に見ればマイナスになる種類の公的サービスも整備されてくることになるが、資源をほとんど持たないわが国で、少子高齢化という現象が世界で類を見ないスピードで進行していくという事態を受けて、その歩みは決して平坦かつ順調であるとは言えないものであった。厳しい財政状況・社会状況の中で、福祉国家としてのわが国の試行錯誤も、絶え間なく続いているのである。

　本書は大きく3つの部分から成り立っている。第Ⅰ部「福祉国家の諸相」は、"福祉国家"というものがどのように形成され、現在いかなる姿で存在し、これからどのように変わろうとしているのかについて、過去、現在、未来の3つの視点から考えていくものである。福祉国家発展の歴史を紐解き（過去）、わが国でどのような福祉政策が展開されているのかを検証し（現在）、日本版の福祉国家像はいかなるものであるのかを考え（未来）、わが国の進むべき方向性について検討していくこととする。

　第1章「福祉国家形成の歴史」では、なぜそもそも人類は国家というものを形成したのか、またどのような形で福祉政策というものを、国家の重要な公共政策の1つとして行うようになったのか、という福祉国家発展の歴史を紐解くことから始まり、福祉政策自体がどのように発展してきたのか、という点を明らかにしていく。いわば、福祉国家および福祉政策の過去から現在を概観するものであり、福祉国家としてのわが国の生い立ちから現状までを、順を追って明らかにしていくものである。

　第2章「世界の福祉国家」では、世界に存在する多様な福祉国家を4つのレベルに分類し、その中でわが国がどのような水準を目標とし、いかなるレベルが現状であるのか、という点について検討する。日本版の福祉国家像を考える上で、世界各国

の現状を知ることはきわめて重要であり、同時にその中でわが国の福祉水準の政策位置がどの程度のものなのかを明らかにすることは、日本の今後の政策展開を考えていく上で必須の課題である。わが国の福祉政策は“中央集権”と“措置行政”という2つの大きな特徴を有するものであり、地方分権が進み、権利としての福祉が定着しつつある現在でも、具体的な政策展開において両者は未だに色濃く残っているものである。厚生労働省、地方自治体、そして現場の3段階において、それぞれ福祉政策がどのように展開され、結果としていかなる全体像を作り出しているのか、前半の福祉水準との関連も含めて明らかにしていく。

　第3章「福祉国家の歩み」では、世界に存在する多様な福祉国家を3つに類型化したエスピン・アンデルセン（Esping-Andersen）の議論と、それに対する批判をもとに、福祉国家の中には、公式統計に現れない家族、とりわけ女性の無償労働に依存して成り立っている“南欧型”あるいは“家族主義型”福祉レジームに属する諸国が存在し、この第4類型に日本と南欧4カ国が含まれる可能性について検討し、その後のわが国の改革の方向性との関連について分析していく。また、各福祉国家の過去10年の対応を、北欧モデル改革ルート（スウェーデン、ノルウェー等）、新自由主義ルート（アメリカ、イギリス、ニュージーランド、カナダ、オーストラリア等）、労働削減ルート（ドイツ、オランダ、イタリア等）、振興福祉国家ルート（中・東欧諸国や東アジア諸国）の4つの改革ルートに大別して考察していく。

　第Ⅱ部「公務員制度」では、各国の行政システムや公務員制度を比較検討しながら、福祉国家がめざすべき理想の国家像の一つの可能性として“生活大国”を取り上げ、それがどのような国であり、それを実現していく上でいかなる公務員や行政組織が必要となってくるかを考えていく。いかなるタイプの福祉国家であれ、国民が税金を払い、それを原資として公務員が公共サービスを提供していく仕組みは共通のものであるが、他方で、どのような制度・政策を採用するかにより、そこから生み出される行政サービスが市民に与えるインパクトは大きく異なるものとなる。わが国は、経済大国でありながら、同時に世界に類例のない借金大国であり、少子高齢化がどの国よりも急速に進行しているという状況を是正し、これまでの経済一辺倒のシステムから、人々の日々の生活が幸せで充実したものとなるようなシステムへと転換していくためには、各国の行政組織システムや公務員制度を学んでいくことが求められてくる。

　第4章「生活大国の登場」では、自由主義経済を取り入れながらも、比較的高い水準の社会保障政策を実施する第3の道を選択することで、自由な経済活動を保障

しながらも、ある程度格差を是正するしくみを持つ"生活大国"について考えていく。わが国でも経済一辺倒の価値観を見直し、視点をもう少し"国民の日常生活"に近づけた、"住みやすい国"、"生活しやすい国"を追求していく動きが見られ始めて久しいが、急速な少子高齢化の進行と、逼迫する財政事情のもとで、国民が満足する"暮らしやすい国"を十分に実現できているとは言い難い。"身の丈にあった生活"という言葉が古くから日本には存在するが、わが国が追求すべき"身の丈にあった国家像"とはいかなるものなのか、"真の豊かさ"を高度化・多様化させていくのではなく、むしろコンパクトに、実現可能な水準で追求していく手法はどのようなものなのかを考えていきたい。

第5章「世界の行政システム」では、若手を採用し、行政組織内で研修等を通じてキャリア公務員を養成していく"閉鎖型任用システム"と、行政大学院等で MPA（Master of Public Administration: 行政学修士号）を資格として取得した者を、積極的に中途採用していく"開放型任用システム"の2つの制度の違いを主眼としながら、世界各国でどのような公務員制度が採用され、行政管理システムが実践されているのかを比較検討していく。

第6章「わが国の公務員制度」では、閉鎖型システムを有するわが国の国家公務員・地方公務員の各組織において、どのような任用、昇進システムが採用されているのかについて検討していく。"採用システム"、"昇進のしくみ"、"研修・教育"、"退職制度"は、公務員一人ひとりにとっても重要なものであるが、同時に、誰をどのように配置し、どのようなルートを通じて昇進させていくのか、という組織全体としての動きがうまくいかないと、組織の機能そのものが非効率になってしまう。その意味で、行政管理の問題は、個々人の人生に関わると同時に、組織の存亡にも関わる重要な問題となってくるため、ここで取り上げ検討していく。

第Ⅲ部「理想の国を求めて―各国の事情―」では、様々なタイプの福祉国家を取り上げ、人々の生活や政治文化と行政システムとの関係について検討していく。第7章「米国―限りなき自由競争社会の追求」では、米国カリフォルニア州において実践されている行政大学院のしくみを明らかにすることで、開放型システムを有する米国において、どのような福祉国家が実現されているのかについて考えていく。第8章「フランス―世界一住みやすい国の実現」では、行政大学院と類似するものとして、キャリア公務員養成校であるフランスのグランゼコールが、ヨーロッパの閉鎖型システムの中で、このようなしくみがどのように機能しているのか、その代表例として ENA（フランス国立行政学院）における研修プログラムを考察しながら、そ

れらの機能について比較検討していく。一部のエリートを早期に発掘し、徹底的に教育し、リーダーとして育てていく手法が、生活大国を生み出す原動力となっている事情について明らかにしていく。第9章「オーストラリア―市民主導型プロセスの構築」では、生活大国の事例として、わが国とは異なる連邦制を採用するオーストラリアを取り上げ、日豪の比較検討を行うとともに、市民本位の行政を実現しているとされるクィーンズランド州ブリスベン市に焦点を当て、詳細に考察していく。"生活大国"はそれ自体が多義的な概念であるが、世界一住みやすい都市とされるメルボルン市や、93%の住民がその行政サービスに満足しているとされるブリスベン市を内包するオーストラリアは、生活大国の実例として考察に値すると考えられる。第10章「諸外国の事情」では、北欧諸国、カナダ、シンガポール、ベトナム等、様々な国を取りあげ、その福祉国家像を概観していく。世界の福祉国家は多様であり、また福祉国家観や福祉水準は日々変化するものである。本書の最後で様々な国を取り上げ、より幅広い視点を提示していきたい。

2018年8月

内海としみ

目 次

はじめに...iii

第Ⅰ部　福祉国家の諸相...1
第1章　福祉国家形成の歴史...3
第2章　世界の福祉国家...8
　　1．4つの福祉国家レベル...8
　　2．福祉の仕組み...13
第3章　福祉国家の歩み...17
　　1．多様な福祉国家...17
　　2．福祉国家論その後...21

第Ⅱ部　公務員制度...27
第4章　生活大国の登場...29
第5章　世界の行政システム...36
　　1．現代国家と公務員...36
　　2．開放型と閉鎖型...37
　　3．各国の公務員制度...38
　　4．制度改革の視点...49
第6章　わが国の公務員制度...52
　　1．国家公務員...53
　　2．地方公務員...58

第Ⅲ部　理想の国を求めて―各国の事情―...63
第7章　米国 ―限りなき自由競争社会の追求―.......................................65
　　1．行政大学院のしくみ...65
第8章　フランス ―世界一住みやすい国の実現―.....................................72
　　1．キャリア公務員養成機関―ENA における研修.....................................72
第9章　オーストラリア ―市民主導型プロセスの構築―...............................75
　　1．連邦制国家のしくみ...76
　　2．政策評価の事例...78
第10章　諸外国の事情..81
　　1．"我々は米国ではない"―独自のアイデンティティに支えられた生活大国カナダ―.......81
　　2．人間同士の競争がない社会を求めて―高度な福祉国家フィンランド―.................84
　　3．希少な資源、過酷な自然環境を行政主導で克服―シンガポール―.....................86
　　4．温かい国の社会主義は不要？―動物園になるベトナム―.............................88
　　5．1国2制度下での展開―香港―...90

参考文献...94

第Ⅰ部
福祉国家の諸相

第 **1** 章

福祉国家形成の歴史

　わが国の福祉国家としての発展の歴史を紐解く前に、そもそも人間はなぜ、国家というものを形成し、その国家の重要な仕事の一つとして、福祉政策というものを行い始めたのか、という根本的な疑問から解決していきたい。

　自然界の他の動物たちと同様に、人間社会も、誰も何もしなければ弱肉強食の世界である。昔から、食べ物や水を求めて人々は移動し、争いとなれば勝った方がその土地を支配し、負けたものは究極の場合には死に至るのである。この点は他の動物たちと何ら変わりはない。

　そのような弱肉強食の世界に別れを告げ、ある集団を作り、そこに一定のルールを守る人々が暮らすようになると、他の動物社会とは異なる、人間社会特有の"国家"というものが生まれてくる。人々があるリーダーに従う理由には3つのタイプがあるが、古いタイプの社会（集団）では、卑弥呼のような神聖さを持つ人が集団を支配する、あるいは天皇家のように、天皇個人の資質よりも、代々の伝統により集団を支配する「伝統的支配」と呼ばれる体制が長く続くことになる。その歴史は古今東西を問わず長く続くわけだが、やがて人々は、そのような神聖さや伝統ではなく、ある特定個人の資質が他の人々よりも優れているから従う「カリスマ支配」による社会を求めるようになる。フランスのナポレオンやドイツのヒトラー、中国の毛沢東などがその代表的な例としてあげられるが、人々を引きつけてやまない魅力を持つリーダーたちに、人々は従い、その命を捧げたのである。

　やがてそのようなワンマン支配に別れを告げ、人々はある一定のルールを形成し、その仕組みによって選ばれる代表者に従うという「合法的支配」を選好するようになる。これが市民革命以降の近代国家形成の歴史の始まりである。人々は国家のルールを作り、その合法的なプロセスを経て選ばれたリーダーに従うわけであるから、

そのリーダーが人々の意思に反する行動をとった場合には、再び合法的なルールにのっとり、リーダーを交換することができるのである(図表1)。

図表1：マックス・ウェーバーの描く支配の3類型

	支配の根拠	特　徴	具体例
伝統的支配	昔から伝えられた秩序や首長権力の神聖さ	法と宗教が未分離の中で、一人の首長は伝統的に伝えられてきた規則により決定される。	長老制、家父長制、家産制など
カリスマ的支配	天才的な資質を有する独裁者への感情的信頼性	首長は自らの資質について自己確信を持ち、被支配者がそれを受け入れるという関係のもとに成り立つ。	ナポレオン、ヒトラー、毛沢東など
合法的支配	法規化された秩序や合法的な命令権	正当性の根拠を伝統や血統、人間の資質ではなく、人間の社会的契約によって定められた規則（法）におくもの。	大統領制、議院内閣制、官僚制など

(著者作成)

このようにして人間は、社会的契約に基づく支配により国家を形成し、そこに契約を結んで属するようになる（図表2）。世界には未だ合法的支配の仕組みが十分に機能せず、王室や貴族、軍隊、あるいはある独裁的な政党などが国民を支配する開発途上国が数多く存在するが、福祉国家への道のりの第一歩は、この合法的支配の仕組を確立し、国家運営を、社会的契約に基づくルールに乗っ取って行うことであると言える。

人々が合法的支配の仕組みを確立していく中で、国家と個人が"どのような社会契約を結ぶか"という問題が生じてくる。この点に取り組んだ歴史的な思想家としてホッブズ、ロック、ルソーの3人が挙げられるが、彼らの社会契約論はやがて、世界各国の国家形成に多大な影響を及ぼすことになるのである。人類はこれらの思想を拠点として近代国家を形成し、公共政策を担う存在としての政府を求めるようになるのである。

国家も政府もない自然状態においては、人間は自己の生命と財産を守るために他人と戦うため、万人の万人による闘争状態となるとホッブズが仮定し、国家形成の思想を展開した背景には、当時のイギリスが無政府状態に近く、個人の生命保障が各人の最優先課題であったことが挙げられる。ホッブズの議論は、リーダーに対する抵抗権が否定されているため、絶対王政主義（国王を頂点とする貴族が全国民を

	図表2：ホッブズ、ロック、ルソーの思想の比較		
人物	ホッブズ（1588 ～ 1679） イギリス	ロック（1632 ～ 1704） イギリス	ルソー（1712 ～ 78） フランス
主著	『リヴァイアサン』	『市民政府二論 （統治論）』	『人間不平等起源説』「社会契約論」
自然状態	国家も政府もない状態のこと。道徳的・法的に完全な真空状態として、何をやっても完全に自由な状態→万人の万人に対する闘争状態	個人は自由・平等・独立の状態にあり、自然法（＝理性の法）に支配された「平和と秩序」の状態	孤立した人間が完全な自足と自由の状態で、自然と融和したユートピア。孤立における自由・平等・自然的善性（共感能力）
自然権	自己保存のための自由（生命の保障）―例えば人を殺してでも自分の生命を守る権利	自然状態において生命・自由と財産（所有権）を保持する権利―労働によって得た私有財産を守る権利	
自然法	理性によって発見された一般法則―自然状態では自己保存が危険下にあるため、平和獲得に努める理性の声	自己保存および他者保存の命令	
社会契約	自然法に従って各人が自然権を放棄→契約によって一方的に共通の権力に授権＝主権者の設立。 絶対主義―主権は不可分・不可譲。 抵抗権の否定	自然権確保のために、個人の執行力・処罰力を放棄→全員の同意（原始契約）で成立→共同社会の代表者に権力を信託＝政府（統治権力）の設立。 抵抗権（革命権）を認め、名誉革命を正当化―立憲君主制の擁護	全員一致による構成員の結合（全ての権利の完全譲渡。主権者の意思（＝一般意思）への絶対服従）→政治体の構成（主権者＝人民の集団であり、1つの集団的人格を持つ）→政府の成立（主権者は使用人）
主義			主権の代表は不可能 →直接民主制

（資格試験研究会編『警察官・消防官スーパー過去問ゼミ社会科学』実務教育出版、2006 年、74 頁の記述をもとに筆者が作成）

支配する）を擁護するものであるが、強大な権力によってでも、何とか国内の治安を回復し、国外の侵略から自国を守る必要性を痛感していたためである。その点が後に生まれたロックと大きく異なる点であり、比較的平和が保たれた時代に生まれ育ったロックは、自然状態を闘争状態ではなく、人々が一定のルールを守り、平和と秩序が保たれた時代と想定している。そこから、生命と財産を守るために国家と契約し政府を作るという社会契約説が誕生し、政府が国民に違反した場合には、政府を交換することが出来るとしている。この点が、立憲君主制の始まりがここにあ

ると言われる由縁である。

　ルソーの描く社会契約説は先の2人とは大きく異なるものであるが、その背景には、ルイ王朝による民衆への圧政が長期間に渡り続き、国民が疲弊していたことが存在している。ルソーは、本来自然状態では、人間は自由で平等なものであるはずなのに、国王や貴族によって民衆が長らく締め付けられており、その圧政から解放されることこそが、政府と社会契約を結ぶ真の目的であると考えており、そのために、主権者への絶対服従を説いている。ルソーの考える主権者は全員一致による構成員の結合であり、代表者が政治を行うような仕組みはそもそも想定していない。これは、主権の代表（間接民主制）は不可能であるという考え方に基づくものであり、直接民主制の基礎となる思想であり、ある意味では理想の政治形態と言えるが、現代社会のような多数の国民が構成する巨大な国家においては、ルソーの社会契約論は実現不可能であると言わざるを得ない。

　こうして誕生した近代国家が、いわゆる我々が現代生きている社会に近い国家であるが、当時の国家が税金を使って行う仕事の量は、現代とは比較にならないほど少ないものであった。生まれたばかりの近代国家に人々が求めたものは、"国防と治安維持"であり、税金を使って行う主要な行政サービスは、警察と軍隊であったといえる。つまり、弱肉強食の、いつ生命を犯されるかを危惧しながら生きる社会ではなく、その国家に属し、ルールに従い税金を納めていれば、自分や家族の生命の安全は保障され、危険に脅かされることがない、ということが、人々が国家に求める最も重要な点であったわけである。

　やがてそこに、"自分の財産の保障"という要求が加わってくると、国家は人々の経済活動に一定のルールを設定し、それを守らせるための仕組みを作り出すことになる（図表3）。これが後に"自由主義国家"と呼ばれるものであり、国防・治安維持に加えて、人々の自由な経済活動を促すための様々な仕組みを備えた国家が誕生することになる。まだこの段階では、国家（政府）の仕事はきわめて限定的なものであり、現代と比べると非常に少ないものである。当然、"福祉"政策に含まれるような仕事も存在していない。

　国家が行う行政サービスが、現代のように拡大された背景には、第1次・第2次世界大戦をはじめとする世界各地の戦争や、世界大恐慌を始めとする世界同時発生的な経済危機がある。これらを通じて人々は、それまでの自由主義国家のしくみだけでは人々の生命や財産を守ることができないことを痛感し、国家により多くの公共サービスを要求するようになるのである。現代のような多様な行政サービスを提

図表３：国家機能の変化

分類	時代	特　徴
警察国家	絶対主義時代 （16 ～ 18 世紀）	国民の人権を抑圧したり、君主の考える福祉をおしつけるために警察力を濫用した。
夜警国家	資本主義の確立期 （自由主義段階）	国家の任務を、治安や国防など最小限のものとし、市民社会は国家の干渉のない、自由放任がよいとされた。
福祉国家	独占資本主義期 （20 世紀）	国家が、貧富の差の拡大の是正などを行い、社会的弱者の生活を保障して、国民生活の福祉や厚生をはかろうとする。

出典：資格試験研究会編『警察官・消防官スーパー過去問ゼミ社会科学』実務教育出版、2006 年、72 頁。

供する国家は後に“福祉国家”と呼ばれるようになるが、その始まりは、世界大恐慌の後の、米国ルーズベルト大統領が行ったニューディール政策であるとされている。ニューディール政策は、世界で同時多発的な不況に陥り、国内に失業者があふれていた米国において、個人の努力や自由放任主義的なこれまでの経済政策のみではどうしても人々の生命を守ることができない状況を認識し、政府が公的資金を投じて、積極的な失業対策を行ったものである。これにより、国防・治安の維持と経済活動のルール形成に限定されていた国家の役割は、大規模な失業対策により人々の生活を保障するというものに拡大され、“福祉”政策に含まれる種類の仕事も、国家が行うようになったのである。

第**2**章

世界の福祉国家

1. 4つの福祉国家レベル

　先に述べた通り、"どの程度の生活保障を、誰が行うのか"という点は、人々が支払う税金の額（つまり公共サービスの量）や、平等主義か自由主義かという国家のめざす目標と深く関係する。ここには2つの重要な視点が含まれており、1つめは、その国の国民としての最低限の生活保障とはどのような水準か、という点であり、2つめは、その最低水準を保障する諸政策のどのレベルまでを公的セクターが保障するか（つまり福祉サービスのどこまでを税金でまかなうのか）という点である。日本もそれなりに格差社会であるが、多くの国民が中流意識を持っているといわれるが（つまり自分の生活水準は日本社会で中程度の水準であると信じている）、最低限の生活保障の"最低限"も、実は究極のところ、人により様々なものであり、客観的な最低限はどこにも存在しないのである。その無数にある最低限の中から、各国は様々な計算手法を駆使して自国民の最低限の生活レベルを設定し、それをナショナル・ミニマムとして定めることで、自国の福祉水準を明確化しているのである。それ故、ナショナル・ミニマムは国により異なり、また一つの国においても時代により異なり、同時に国内の様々な地方公共団体により異なる国も多い。後で詳述するが、わが国は中央集権型の政策プロセスを有し、中央政府主導で福祉政策を進めてきたことから、どちらかというと、地方自治体による格差の少ない、画一的・均一的なナショナル・ミニマムの保障がなされてきたわけだが、たとえば米国のように州政府が強大な権限を有する連邦制国家などでは、ナショナル・ミニマムよりも、それぞれの地方政府が定めるローカル・ミニマムの格差が大きく、住む州により最低限が大きく異なる国も存在するのである。非常に簡略化して言えば、最低水準が

高い国ほど、格差のない平等な社会となり、最低水準が低いほど、お金持ちと貧しい人との格差が大きい社会となるので、世界各国、そして一つの国でも全国多様な"最低限"の水準を比較考量し、人々は自分が暮らす土地を決めているとも言えるのである。

　第2に、その多様な"最低限"を保障する手段も、国により（あるいは地方自治体によっても）様々であると言える。100%を税金で保障するという選択肢から、全く税金では保障しない（他の主体が保障する）という選択肢まで無数に存在する中から、各国は自分たちの方法を確立していったのである。そこには国家の歴史や国民性、政治文化など様々な要素が影響を及ぼすことになり、また同時にその時代ごとの国の経済状況やリーダーの考え方等によっても刻々と変化していくことになる。こちらも簡略化して述べると、福祉サービスの多くを税金でまかなう国では当然、人々に課される税金が高くなり、税金以外の方法で福祉サービスを実施する国では、人々に課される税金が安くなる。そして、税金で多くをまかなう国は平等主義的な思想を持つことが多く、高い税金を払う代わりに、自分がどのような状況におかれても高い水準の最低限の生活を保障されることになる。つまり、公共サービスとしての福祉を行えば行うほど、それは"大きな政府"を持つ国であり、福祉先進諸国と呼ばれる北欧諸国がその好例である。反対に、福祉に拠出する税金額が小さい国は、公務員数も少なくてすむことから治める税金が安くすむが、かわりに保障される最低限も低レベルのものとなるため、格差社会が生まれることが多い。世界で最も公平な競争が行われているとされるアメリカ合衆国は自由主義的な思想を有しており、"小さな政府"を持つ国の代表例といえる。ただし、これはあくまで"公共サービス"としての福祉が少ないということであり、福祉自体が少ないかどうかはまた別の問題である。たとえば無償で福祉サービスを提供してくれる人々や集団が多く存在している国や、行政ではなく家族や地域が福祉サービスを行うことを好む国、慈善事業として福祉サービスを行うことを是とする宗教を持つ国など、税金を投入して福祉を行わなくとも、同等の福祉サービスを提供している国も多数存在する。また、完全なビジネスとして、民間企業が積極的に参入している国もあり、公的セクター以外のアクターとの役割分担により福祉サービスを提供している国も多いことから、"小さな政府イコール小さな福祉"ではない点に注意が必要である。わが国も、置かれている財政状況や歴史的背景、国民の政治文化など多様な側面を考慮しながら、"どの程度の生活保障を、誰が行うのか"を決めていかなくてはならないのである。

このように多種多様な国家が存在する世界であるが、これをあえていくつかの指標により４つに分類してみたい。多様だ、多様だと叫んでいるだけでは、わが国が世界で見てどのような福祉水準であるか明確化することは難しく、また、わが国が今後どのような福祉国家をめざしていくべきなのか、その将来像を模索することも困難になる。そこで、あえて議論を簡略化し、世界各国を４つの福祉水準に分類してみることとする（図表４）。

　人間の価値観が多様であるのと同様に、国家がどのような方針で公共政策を決定し、実施していくのかの選択肢も無数にある。その中であえて"福祉政策（社会保障政策）"に着目し、"福祉が進んでいるかどうか"という視点から世界各国を分類してみると、世界で最も福祉水準の高い国々は、スウェーデン、ノルウェー、デンマーク、フィンランド等をその代表とする北欧諸国となる。これはティトマスやライプリードら世界の福祉研究者に共通の認識であるが、これらの国々は原則としてすべての市民を包摂する市民権として福祉が存在し、最も高度な社会民主主義を実現している「スカンジナビア型福祉国家」に分類され、図表４の福祉レベル４に位置する、高度な制度的再配分福祉を提供している国々である。スカンジナビア型福祉国

図表４：４つの福祉水準
福祉レベル4: スカンジナビア型福祉国家（高度な制度的再配分福祉）
・制度的に公的セクターが中心となり、国民の高負担のもとに高水準の福祉を提供する。 ・資本主義を旨とし、自由競争を保障する中での高い国民負担率は、若い労働力の国外流出を招き、国力が低下するという問題を引き起こすが、豊富な天然資源や、外国人労働者などに支えられ、高水準福祉を維持する国々が多い。 ・戦争による被害が比較的少なく、長い年月をかけて少子高齢化が進行したスウェーデン、ノルウェー、デンマーク、フィンランド等の北欧諸国がここに含まれる。
福祉レベル3: ビスマルク型福祉国家（制度的再配分福祉）
・高齢者や障害者が希望するのであれば、住みなれた土地で最期を迎えることを可能にする水準（施設収容型福祉ではなく、地域在宅型福祉を積極的に保障する）。 ・ある程度の福祉サービスは公的セクターにより保障されるが、民間産業やNPO集団等の非公的セクターによる、公的セクターの補填も不可欠。 ・イギリス、フランス、ドイツ等、代表的なヨーロッパ先進諸国がここに含まれる。
福祉レベル2: アングロサクソン型福祉国家（残余的福祉）
・地方および弱者の切り捨てをある程度やむを得なしと見とめる米国型福祉水準。 ・民間産業やNPO集団等の非公的セクターを積極的に活用。 ・施設収容型でかつ措置行政の伝統を持つわが国もここに含まれる。
福祉レベル1: ラテン型福祉国家（未発達）

（ティトマスおよびライプリードの福祉理論をもとに筆者が作成）

家においては、制度的に公的セクターが中心となり、国民の高負担のもとに高水準の福祉を提供している。その背景には、すべての国民がなるべく格差の少ない状態で、生まれてから死ぬまで幸福な暮らしができるように、国家が税金を使ってできる限りの福祉サービスを提供すべきであるという社会民主主義的思想が存在している。またわが国と異なりこれら北欧諸国には長い高齢化の歴史があり、その緩やかな歩みの中で試行錯誤の末、人間社会の理想の一つを実現したと言っても過言ではない。中国や旧ソビエト連邦のような計画経済と厳格な社会統制のもとに平等社会を実現した社会主義国家と、ある意味ではその思想も手法も類似している点も多いが、自由な国民の政治活動・経済活動を保障する民主主義や資本主義を保障しながら、なおかつ格差の少ない社会を実現してきたこれらの国々は、むしろサービス提供の段階は限りなく地方分権を行い、地域の実情に適した福祉を実現している点が、社会主義国家と根本的に異なるところである。

　もっともこれらスカンジナビア型福祉国家も様々な問題をかかえており、世界各国のめざすべきモデルであるかという点では疑問視されることも多い。急速な少子高齢化が進行するわが国では、このような高度な制度的再配分福祉は財政的にとうてい賄うことが不可能であるし、米国のように自由な経済活動を重要視する国では、国家による過度な再配分福祉には思想的に理解が得られない。また北欧諸国の中でも、過度の国民負担が労働力（特に若い世代の国民）の国外流出を招き、国力が低下する等の問題が起きており、外国人労働者と石油等の埋蔵資源により、何とか財政的側面を確保しているのが現状である。"すべての人々の幸福が、ゆりかごから墓場まで、豊かな公共サービスに保障される"国々も、現実には、なかなか理想通りにはいかないのである。

　高負担高福祉の高度な制度的再配分福祉をめざさないまでも、国民がある程度の水準の生活を一生送ることができるように、国家が高いレベルのナショナルミニマム（国の最低生活水準）を保障している国々がある。これが図表4の福祉レベル3に属するビスマルク型福祉国家である。なるべく格差の少ない社会をめざすのではなく、ある程度の格差社会を是認しつつも、すべての国民が人間として、比較的高い水準の生活を送ることができるようにナショナル・ミニマムを保障していくこれらの国々には、イギリス、フランス、ドイツ等のヨーロッパ諸国がその代表例として挙げられる。これら制度的再配分福祉を提供している国々では、弱者切り捨て、地方切り捨てを避けるためにきめ細やかな福祉サービスを提供しているが、同時に国力の低下を懸念し、資本主義も両立させていくために、様々な制度的な工夫がなさ

れている。特にイギリスでは、経済活動を重視して福祉を行わない第1の道、高い税金を徴収して公的セクターによる高度な福祉政策を行う第2の道のどちらでもない"第3の道"を追求するものとして、公的セクターのみならず様々なアクターによる福祉政策の実施により、福祉の量的・質的側面をなるべく低下させずに、税金を節約していく手法が確立されている。これがわが国にも後に多大な影響を及ぼすことになる"福祉ミックス論"の原型である。いずれにしてもこれらヨーロッパ諸国においては、わが国よりも高い水準の生活がすべての国民に対して保障され、福祉国家の水準としては、北欧諸国につぐものとされている。

　わが国が現在どのような福祉水準の国家であり、今後いかなる国家をめざしていくべきかについては、様々な議論が存在するところであるが、現状はまだ福祉レベル2の域を出ていないが、福祉政策全体の改革方向等を勘案すると、レベル3のヨーロッパ諸国を目標としているのではないかと考えられる。少なくとも思想的には、現在より福祉水準が後退してほしいと考えている人々は多くはないであろうし、乳幼児や高齢者への虐待が取り上げられるたびに、家族機能の変化と、それを補うための公共サービスの充実を多くの国民が望むことになる。ただ難しいのは、資源をほとんど持たないわが国において、更に世界に類例のないスピードで、急速な少子高齢化が進行しているため、福祉の充実を叫びながらも、負担ばかり増え、サービスがちっとも向上しない、という状況が続いている点である。そのため、福祉水準の向上を願いつつも、税金は安く、国民負担はなるべく少なく、という矛盾した願いを人々が持つようになり、また福祉拡充のための政策を行っても、現実のサービスは低下していくという、また矛盾した結果も生まれてくるのである。

　アメリカ合衆国のように、国民の自由な経済活動を最も重要視する国では、国の過度な再配分は人々の経済活動の妨げになるという思想が根付いている。競争には勝つ者と負ける者が当然おり、それはすべて個人の責任であるから、各人の平等な競争の結果生まれる格差社会に、政府は極力口をだすべきではない。このような自由主義の考え方からすると、特に公的セクターが行う福祉サービスは必要最低限のものである方が望ましく、ナショナル・ミニマムも低い水準に抑えられることになる。米国をはじめとするアングロサクソン型福祉国家は福祉レベルでは2の残余的福祉を展開する国であり、地方および弱者の切り捨てをやむを得ないと認める水準の福祉政策が展開されている。その結果、人々の住み分けが起き、人々の間にも地域（都市）の間にも、貧富の差が広がってくることになる。高い水準の福祉や教育を提供できる豊かな地方自治体には高い税金を払うことができる豊かな市民が集まり、反

対に低い水準の行政サービスしか提供できない自治体には、そのような自治体にしか住むことのできない市民が集まることになる。故に、残余的福祉国家は公的セクターが提供する福祉サービスという点から見ると低いレベルに分類されるが、すべての国民が低い水準の福祉しか受けられないという訳ではない点に注意が必要である。このような国では、完全に企業ビジネスとして福祉サービスを提供する民間企業が多数存在することから、豊かな市民は自分のお金で多くのサービスを購入することが可能であり、また高い水準の福祉サービスを提供する自治体に居住することもできるのである。また地域によっては、キリスト教の慈善事業の一環として福祉サービスに類似した活動を提供しているところもあり、その土地の居住者は、公共サービスでもビジネスでもない視点から、福祉サービスを受けることになるのである。

　最後の福祉レベル1に属するラテン型福祉国家は、スペイン、ポルトガル、ギリシャ、イタリア等、基本的に国家による体系的な福祉政策が発展途上である国々が属している。先進諸国のなかでは低水準の福祉サービスしか提供されていないため、未発達と分類されることになる。さらにその下に多くの開発途上国（政府が公共サービスを提供する仕組み自体が十分に発達していない国々）や、共産主義国家（中国、ロシア、北朝鮮など、資本主義国家とは異なる仕組みで公共サービスを提供する国々）が存在することになる。国民の税金を統一的に管理し、公共政策を形成・実施していく政府が存在し、国民皆年金と国民皆保険の2つの制度が整って初めて福祉国家の仲間入りと言われることから、多くの開発途上国は、未だ福祉国家のスタートラインにすら立っていないと言えるのである。

2．福祉の仕組み

　わが国の福祉水準が現在どの程度であり、今後どの水準をめざしているのか、という点については多くの議論が存在するが、現在より福祉が後退してほしいと願う人々は多くは存在せず、理想としてはより高度な福祉政策が展開されるべきであるとする議論が多い[1]。ところが考え方はそうであっても、現実に今より自分の負担が増えるのは御免であるというのが国民の本音であり、まして負担ばかり増えてサービスが低下していくのであれば、もう福祉などいらない、という極端な考え方まで生まれてくるのである。それではどうしたら良いのであろうか。これが日本版の福祉国家像を考えていく上できわめて重要な政策課題であると言える。

　最初に、現在わが国でどのような仕組みで福祉政策が展開され、実施されている

のかについて見ていきたい。わが国の福祉政策が、他の多くの公共政策と同様に中央主導型で展開されてきた点については、後に高齢者福祉政策の歴史的展開を振り返りながら再確認していくが、厚生労働省（旧厚生省）の強いリーダーシップのもと、全国で画一的な福祉政策が展開されてきたことは、“措置行政”と呼ばれるわが国特有のサービス実施手法を見ても明らかである。“お役所（行政）に福祉政策をやっていただく”というニュアンスの非常に強い措置行政は、福祉の政策分野に限らず、わが国の公共政策全般において見られる手法である。税金の拠出者である市民が入所する施設や利用するサービスを決めるのではなく、行政側が決められた基準のもとに市民を審査し、どの程度のサービスをどこまで利用できるかを決定するのが措置行政のしくみであり、市民はそれに従わなければ、行政サービスを利用すること自体ができないことになる。住み慣れた土地で最期を迎えたいと高齢者が望んだとしても、入所できると決定された施設が遠く離れたところである例も数多く、“市民の希望”よりも“行政の事情”が優先される福祉政策が展開されてきたことになる。措置行政に用いられる判断基準は各サービスによって様々であるが、例えば高齢者福祉政策を例にとって、措置行政の具体的なしくみについて検討していきたい。

　高齢者福祉政策は地方分権のさきがけと言われるように、2000年4月の介護保険制度導入後、市町村が主体となって要介護認定や保険料の決定がなされるようになったため、全国一律のサービス展開とは言えなくなったが、それでも長らく続いてきた措置行政のしくみは、未だ改善されていない点が多い。サービスを利用したいと考える高齢者は、ケアマネジャーによる要介護認定を受け、どの程度のサービスを利用できるのかを決められることになり、せっかく保険料を支払っていても、希望するサービスが利用できない場合や、自身が望んだサービス量よりかなり少ない量しか利用できないと判断されるケースも数多く存在する。更に、要介護度によって利用できるサービス量が決められるわけだが、その量を決めているのは中央政府であり、各市町村はその基準に従ってサービス提供量を決定しているので、やはりまだ中央集権的な仕組みが存在していることになる。中央政府は、2006年の介護保険制度見直しにおいて、従来の要介護者へのサービス充実の視点から、予防行政や生きがい施策に重点を移したため、要介護認定における基準も、要支援が2つに分かれた全7段階（要支援1、要支援2、要介護1、2、3、4、5）に修正された。しかしこれは結果として、現場では、それまで要介護1でサービスを利用できた高齢者が要支援2と認定されることにより、サービスが利用できなくなるという、実質的なサービス低下につながることとなる場合が多く、理想と現実の乖離をまざま

ざと見せつけられる結果となっているのである。高度な制度的再分配国家とは言わないまでも、人間としての尊厳を保ちながら、住み慣れた土地で最期を迎えられる水準の福祉サービスが提供されるレベル3の制度的再分配国家、言い換えれば、高齢者が望むサービスが十分に保障される水準の福祉を展開するビスマルク型福祉国家は、まだ遠い理想の福祉国家像であると言わざるを得ないようである。

　福祉サービスには大きく在宅サービスと施設サービスが存在し、そのどちらを選択するかは、市民の希望に添ったものになることが理想である。わが国では、高齢者や障害者、幼児が住み慣れた在宅で日常生活を送り、かつ主たる介護者や養育者が就業することができるという2つの条件を満たすほどに十分な在宅サービスが提供されていないことから（一面では利用できるサービスが要介護認定等のランクづけにより制限されるため、十分活用できないという側面があり、また一面では、民間のサービス等を利用し、十分な在宅サービスを受けるには多額の費用がかかるという側面も存在する）、主たる介護者や養育者が就業等を断念し、在宅で介護や育児に専念するか、または高齢者や障害者、幼児を、特別養護老人ホーム、障害者施設、保育園等の施設に預けることで、就業等を続けるという、どちらかの選択肢を選ばざるを得ない。更に悪いことに、希望者が十分に入所できる施設すら、わが国には存在しないため、老人ホームや保育園は常に待機高齢者や待機幼児であふれているという状況が続いている。すると、希望者のうち誰を入所させるかということで、また行政が市民の施設必要度をランク付けし、定員との兼ね合いで入所決定を行うという、行政中心の施設サービスが展開されることになり、このような状況では、まだまだ日本の福祉サービスが残余的水準にしかないと言わざるを得ないのである。

　施設サービスを利用する場合、入所希望者は市町村に対して申し込みを行うわけだが、例えば、公立・民間ともに市内の保育園への入所は、行政側が決定することになる。これは措置行政の典型的な例であるが、入所の有無および入所先はすべて行政側による希望者の必要度ランク付けの結果によることになり、入所を希望していても保育園に入れないことや、希望とは全く異なる保育園への入所が決定されることも多い。保育園の場合、最も優先度が高いのは親がシングルである（病死、離婚等で子供の養育を片親で行っている場合）や、両親のうちひとり親が病気等で就業できない場合である。この場合、ひとり親に育児と就業の両方の負担がかかるため、子供を保育園に預けることが必須となり、必要点数（優先度）が最も高くなるのである。次に必要度が高いケースは両親がフルタイムで働いている場合であるが、すでに待機幼児があふれている自治体では、両親ともにフルタイム労働であっても、

保育園に入所できないことが多い。そこで、両親が同居しているかどうか、あるいは待機幼児を無認可保育園や家庭保育室等に預けているか否か等により、夫婦フルタイム就業家庭の中でのランク付けが行われることになる。まして、母親が専業主婦である場合などは、保育園に子供を預けて就業したいと願っても、保育園に入れる確率はきわめて低いものとなる。障害者や高齢者が施設入所を希望する場合も、基本的に本人の要介護度や障害の等級と、家族の就業状況等が入所の有無や入所先の決定要因となる。このように、施設入所に関しては、利用者の要望がかなえられないことも多いのである。

　厚生労働省は施設偏重の福祉サービスから、在宅サービス利用による地域福祉をめざして様々な政策を展開している。しかし、在宅サービスが十分でないために、結果として施設入所を希望せざるを得ないケースが後を絶たないことから、待機幼児や待機高齢者がますます増加することになっている。例えば高齢者福祉政策では、ケアマネジャーによる高齢者の要介護認定が行われ、高齢者は身体的・精神的状況から、自立、要支援1・2、要介護1〜5の8段階にランク付けされることになる。そしてそれぞれのランクごとに、どの程度の在宅サービスを利用できるかが決まっていることから、希望するだけの十分なサービスが利用できない場合が多い。そこで在宅での暮らしを続けたければ、家族の誰かがサービス不足部分を補うか、自費負担で民間サービスを利用することになる。結果として、そのどちらをも避けるために、施設入所を希望せざるを得ない仕組みとなっているのである（図表5）。

図表5：国の標準サービスモデル（高齢者福祉分野・介護保険制度改定前）

（単位：ホームヘルプ・デイサービス；利用回数/週、ショートステイ；利用週数/6ヶ月）

	要支援	要介護1	要介護2	要介護3	要介護4	要介護5
訪問介護（ホームヘルプ）	0.94	3.89	3.83	5.27	8.05	11.42
通所介護（デイサービス）	1.53	1.54	2.48	2.47	0.74	0.41
短期入所（ショートステイ）	1.00	2.00	2.00	3.00	3.00	6.00

出典：『岩手県高齢者保健福祉計画・介護保険事業支援計画』岩手県、2001年3月、115-117頁。

※ 2005年度末の介護保険制度の改定により、要介護度は以下の7ランクに改定された

2005年度以前	要支援	要介護1		要介護2~5
	↓	↓		↓
2006年度以降	要支援1	要支援2	要介護1	要介護2~5

第 **3** 章

福祉国家の歩み

1. 多様な福祉国家

　弱肉強食の、いつ自分の生命を犯されるかを危惧しながら生きる社会ではなく、ルールに従い税金を納めていれば、自分や家族の生命の安全が保障され、危険に脅かされることがない社会を求めて、人類は国家というものを形成し、発展させていくことになるが、誕生したばかりの近代国家に人々が求めたものは"国防と治安"であり、税金を使って行う主要な行政サービスは警察と軍隊であった。後に"夜警国家"と呼ばれる当初の国家が税金を使って行う仕事の量は、現代とは比較にならないほど少ないものであり、それほど多くの公務員が必要とされることもなかった。やがて国防・治安維持に加えて、人々が"自分の財産の保障"を国家に要求するようになると、国家は人々の経済活動に一定のルールを設定し、それを守らせるためのしくみを作りだすことになる。後に"自由主義国家"と呼ばれるこのタイプの国家は、市民の自由な経済活動を最優先する機能を備えるものであり、資本主義の確立期に数多く誕生することになる。

　国家が"国民の最低限の生活保障"や"貧富の差の是正"などを行い、現代のような多様な行政サービスを提供するようになった背景には、第1次・第2次世界大戦を始めとする世界各地の戦争や、世界大恐慌を始めとする世界同時発生的な経済危機がある。これらを通じて人々は、それまでの自由主義国家のしくみだけでは人々の生命や財産を守ることができないことを痛感し、国家により多くの公共サービスを要求するようになるのである。現代のような多様な行政サービスを提供する国家は後に"福祉国家"と呼ばれるようになるが、その始まりは、世界大恐慌（1929~33年）の後の、米国ルーズベルト大統領が行ったニューディール政策（1933~36年）である

とされている。ニューディール政策は、世界で同時多発的な不況に陥り、国内に失業者があふれていた米国において、個人の努力や自由放任主義的なこれまでの経済政策のみでは人々の生命を守ることができない状況を認識し、政府が公的資金を投じて、積極的な対策を行ったものである。これにより、国防・治安の維持と経済活動のルール形成に限定されていた国家の役割は飛躍的に拡大され、社会保障政策に含まれる各種サービスを提供するようになる。当然のことながら、国民が負担する税金の額も、公共サービスの形成・実施のために雇われる公務員の数も、自由主義国家とは比較にならないほど、多大なものになっていく。

　もっとも、大きくは“自由主義国家”から“福祉国家”へと発展してきた現代国家であるが、限りなく純粋な自由主義に近いしくみを持つ福祉国家から、民主主義を追求しながらも、そこにできる限りの平等主義を保障しようとする、社会主義に類似した福祉国家まで、そのあり方は多種多様である。同時に、ひとつの国家の中でも、ある時には自由主義的な政策が採用され、またある時には平等主義的な国づくりが行われるなど、より良い福祉国家を模索する、試行錯誤の歩みは繰り返されている。またサービス提供のしくみも、すべてを税金で行うという社会主義的な選択肢から、完全に民間企業に任せる自由主義的なものまで様々な手法が存在し、その数多くの選択肢の中から、それぞれの国家は最良と思われるものを採用していくことになる。誰もが認める“一つの最良の福祉国家”というものは残念ながら現代社会には未だ存在せず、多くの国々がその理想像を求めて、長い試行錯誤の道を歩んでいるのである。

　世界に存在する多様な福祉国家を、大きく３つに大別してその特徴を明確化したのが、エスピン・アンデルセン（Esping-Andersen, 1947-）である。既にアンデルセンの３つの福祉レジーム論については、数多くの研究者から修正すべき点が指摘されており、アンデルセン自身も新しい理論の構築をめざしているところではあるが、現代の福祉国家研究の礎を築いたという点で、その功績は決して否定されるものではない。彼によれば、世界の福祉国家は、個人または家族がどれだけ、（労働）市場参加の有無にかかわらず、社会的に認められた一定水準の生活を維持することができるかという“参加支援指標（de-commodification）”、職種や社会的階層に応じて給付やサービスの差がどれだけあるかという“平等化指標（hierarchy）”、家族による福祉の負担がどれだけ軽減されているか（家族支援がどの程度充実しているか）という“家族支援指標（de-familialization）”の３つの指標から測定することが可能であり、

その相違から、"自由主義レジーム諸国"（アメリカなどのアングロ・サクソン諸国）、"社会民主主義レジーム諸国"（北欧諸国）、"保守主義レジーム諸国"（独仏などの大陸ヨーロッパ諸国）の3種類に分類することができる[1]。

第1の自由主義レジームには、アメリカ、カナダ、オーストラリア等が属し、その特徴として、"小さな国家"、"リスク管理に対する個人的責任の大きさ"、"市場中心の問題解決"等が挙げられる。機会の平等や個人の自己責任が重視され、公的制度による社会保障は、必要最小限の限られた人（貧困層など）に、必要最小限の額を給付する傾向があり、"参加支援指標"は他のレジームに比べて最も低い。社会保障給付（支出）および社会保障負担は比較的低水準であり、また民間企業が各種公共サービスを提供するしくみを持つことから、平等化指数も家族支援指標も、3つの福祉レジームの中で最も低い水準にとどめられることになる。労働市場は流動的であり、失業期間は比較的短く、失業率は景気動向により大きく変動する。

第2の社会民主主義レジームはスウェーデン、ノルウェーを初めとする北欧諸国に見られる、国家の役割が大きい福祉レジームであり、"普遍主義"、"リスクの包括的な社会化の志向"等の特徴を有する。これらの国々では、社会保障を受ける権利の基礎は個人の市民権であることから、3指標すべてが高い水準で保障される。高負担高福祉を前提とし、社会保障給付は現金給付よりも現物給付（サービスの提供）が主流である。第3の保守主義レジームは家族や職域の役割が大きい福祉レジームであり、ドイツ、フランス、イタリア等のヨーロッパ諸国に多く見られる。"リスクの協働負担（連帯）"と"家族主義"、"国家主義"を特徴とする。カトリック教会が社会サービスを主導的に担ってきた長い伝統の影響から"参加支援指標"は高いが、男女の性別役割分業などの伝統的な家族主義やギルドに代表される封建的な職域を重視しており、職業的地位による格差が維持されているという意味で"平等化指数"は低い。支出と負担は3レジームの中では中程度であり、"家族支援指標"は低い水準にとどめられている。社会保障給付は現物給付より現金給付が主流であり、積極的労働市場政策への支出が低いことから、結果的に失業率が高くなる傾向にある。

3つの福祉レジームを比較検討すると[2]、第1に"所得再分配の規模"に関しては、自由主義レジーム諸国は小さな政府、社会民主主義レジーム諸国が大きな政府、保守主義レジーム諸国が中から大規模な政府となる。第2に"家族の位置づけ"に関しては、自由主義レジーム諸国は家族を尊重しつつも個人主義的傾向が強く、社会主義レジーム諸国は個人が社会の基本単位となる。保守主義レジーム諸国では、個人を尊重しつつも家族が社会の基本単位とされる。第3に"社会保障給付（支出）の対

象者"に関しては、自由主義レジーム諸国は生活困窮層向けの給付が多く、社会主義レジーム諸国は、現役世代向け並びに高齢世代向けの給付も充実している。保守主義レジーム諸国は老後の所得保障など高齢世代向け給付が多い。第4に"社会保障給付の性格の違い"に関しては、自由主義レジーム諸国は困窮層など特定の対象にターゲットを絞った"選別主義"を採用しており、社会主義レジーム諸国は誰にも平等に行われる"普遍主義"を採用している。保守主義レジーム諸国は、社会保険は普遍主義で、公的扶助等は選別主義となっている。第5に"労働市場"に関しては、自由主義レジーム諸国は、解雇規制が弱く流動性が高い労働市場であるのに対し、社会主義レジーム諸国は、労働市場の流動性は高いが積極的労働市場政策が充実している点が特徴的である。保守主義レジーム諸国は、解雇規制が強く硬直的な労働市場となっている。第6に"福祉と就労支援の連携"に関しては、自由主義レジーム諸国は"ワークフェア(勤労(work)と福祉(welfare)の合成語)"という考え方が基本であり、職業訓練を受けないと社会保障給付が打ち切られる等、働くことが給付を受ける条件となっていることが多い。社会主義レジーム諸国は"アクティベーション(activation)"という考え方から、単に職業紹介サービスを提供するだけでなく、雇用可能性を高めることで就労や社会参加の促進を図る方法を採用している。職業訓練に重点を置きつつも、給付と就労とのリンクをワークフェア施策ほど厳格にはしていない(図表6)。

　もっとも、同じ福祉レジームに属する諸国にも様々な相違が見られる。例えば、自由主義レジームの代表国であるアメリカ合衆国では、わが国のような国民皆保険

図表6：3つの福祉レジームの比較

類型	主な特徴	所得再分配の規模	給付の対象・性格	福祉と就労支援の連携
自由主義レジーム（アングロ・サクソン諸国）	市場の役割大	小規模（小さな政府）	生活困窮層向け給付が多い。　　　　選別主義	強ワークフェア（就労が給付の条件）
社会民主主義レジーム（北欧諸国）	国家の役割大	大規模（大きな政府）	現役世代向け、高齢世代向けとともに充実。普遍主義	中アクティベーション（雇用可能性を高める）
保守主義レジーム（大陸ヨーロッパ諸国）	家族・職域の役割大	中～大規模	高齢世代向け給付が多い。　社会保険は普遍主義公共扶助は選別主義	中～強（強化傾向）

出典：厚生労働省編(2012)『平成24年版　厚生労働白書──社会保障を考える』平成24年版厚生労働白書。

は採用されず、公的な医療保険制度は、高齢者及び障害者の医療を保障する"メディケア（Medicare）"、低所得者に医療扶助を行う"メディケイト（Medicaid）"に限定されている。多くの人々は自助努力の一環として、民間医療保険に経済力に応じて個人で加入する、あるいは、企業の福利厚生の一環として事業主の負担を得て団体加入することになるため、結果として、米国は先進国としては異例といえるほどの膨大な数の無保険者をかかえることとなり、また国民一人当りの医療費も、他の先進国の約1.5倍となっている[3]。これは"自由"、"自己責任"、"小さな政府"等を志向する"アメリカ型福祉国家"の理念に基づくものであるが、同じ福祉レジームに属するカナダにおいては、米国とは全く異なる医療保障制度が採用されている。カナダは全ての市民をカバーする普遍主義的な医療保険制度を有するが、それは、窓口負担の一切ない10割負担の、むしろ社会民主主義的な保険制度であると言える。また、カナダの所得保障政策は米国と同じように給付水準が低いと言われるが、その上に税方式による普遍主義的な老齢保障年金を有している点が、米国の所得保障制度とは大きく異なっている[4]。

2. 福祉国家論その後

　国防と治安維持（警察と軍隊）を国の主要な仕事と位置づけ、人々の自由な経済活動を促す様々な仕組みを備えた"自由主義国家"は、2つの大きな世界大戦や世界大恐慌をはじめとする世界同時発生的な経済危機を経て、多くの公共サービスを提供する"福祉国家"へと発展し、やがて世界の多くの国々は、この福祉国家に収斂するのではないかと予測されてきた。福祉国家は国民国家の発展の頂上に位置するものであると評価され[5]、人類が築き挙げた理想の国家像として、多くの開発途上国が、福祉国家をめざして国づくりに励んでいるのである。国民の税金を統一的に管理し、公共政策を形成・実施していく政府が存在し、国民皆年金と国民皆保険の2つの制度が整ってはじめて福祉国家の仲間入りと言われることから、多くの開発途上国は、未だ福祉国家のスタートラインにすら立っていないと言える。

　ところが、富永によれば[6]、"福祉国家に向かって収斂する"と言われた世界の先進諸国は、1980年代後半頃から"福祉国家"と"非福祉国家"に分解する傾向を示すようになった。同時に、かつて孤立した"非福祉国家"であった日本は、次第にオーストラリア、アメリカ、イタリアとともに、福祉国家をめざすのをやめた4カ国の一員たる立場を取るようになった。世界の先進諸国が福祉国家に向かって収斂

傾向を示し、日本だけがその例外をなしていたのは 1970 年代前半までであり、それ以降の先進諸国は、第 1 グループ（スウェーデン、オランダ、ノルウェー等、社会保障給付費対 GDP 比が 28% 以上の国々）、第 2 グループ（フランス、デンマーク、ベルギー等、社会保障給付費対 GDP 比が 25% 以上 28% 未満の国々）、第 3 グループ（オーストリア、ルクセンブルク、西ドイツ、アイルランド、フィンランド等、社会保障給付費対 GDP 比が 20% 以上 25% 未満の国々）、第 4 グループ（イギリス、ニュージーランド、カナダ等、社会保障給付費対 GDP 比が 15% 以上 20% 未満の国々）、第 5 グループ（スイス、アメリカ、日本、イタリア、オーストラリア等、社会保障給付費対 GDP 比が 15% 未満の国々）に多様化・分解していくことになる。また中進国の中にも、ソ連・東欧の旧共産主義圏諸国と、スペイン、ギリシャ、マルタ、イスラエルなど、社会保障給付費対 GDP 比が 10% ないし 15% を超える国がいくつも存在することから、世界の福祉国家のあり方は、より多様化・複雑化している。同時に現在の福祉国家は、資本、財、サービス、人間、そしてアイデンティティの流れが国境を越えてより開放的となり、それが制度化されるにつれ、そこから引き起こされる様々な挑戦に直面することになる。

　例えば EU は、欧州福祉国家の政治的再建を含意するものであるが、それによりスカンジナビア型福祉モデル（社会民主主義レジーム）は再建を余儀なくされることとなる。また、女性が家族内労働から解放されていない点、労働市場の硬直化を招く点、サービス産業化に適応できていない点、グローバル化の圧力に対して脆弱である点から、保守主義型福祉国家（保守主義レジーム）の評価も相対的に低下しており、各国は既存の福祉国家の再構築を迫られることになる [7]。

　エスピン・アンデルセン自身も、福祉国家論の再構築を試みており、様々な社会伝統的家族が姿を消しつつあり、それが果たしてきた責任を果たせなくなってきた点、完全雇用と高賃金の両立が困難になってきた点、高齢者のための公正と福祉を確保すると同時に、若年者の生活を安定させ能力を最大限に発揮させることができるのかという、ポスト"工業的"課題が明確化されてきた点、日本とヨーロッパの低出生率を見れば、ジェンダーの平等化は避けて通れない課題である点、かつてのような労働者階級が衰退し、従来の工業的な階級対立は消滅しつつあるが、低技能の人々の間での失業リスクの増大、不安定雇用の拡大、社会的排除が失業世帯に集中するなどの新しい階級問題が浮上してきた点、等を新たな社会変化として認識し、福祉国家と労働市場の根本的な再編が必要であることを指摘している [8]。彼によれば、アングロ・サクソン系の国では規制緩和が好まれてきたが、平等への関与の度

合いは様々である。ヨーロッパの改革は、区別はあいまいであるものの、危機にある北欧社会民主主義福祉国家と、本質的には“凍結”状態にある大陸ヨーロッパ福祉国家という、2つの方向への分岐が見られる。更に、ラテンアメリカと中・東欧の2つの異なる軌跡についても、前者は強力な新自由主義的傾向が見られ、後者はより“社会民主主義”的傾向が認められる。また、現代世界の統合は開放経済を意味することから、各国は、福祉国家制度を支えてきた保守主義的な施策を棚上げしていくことになる[9]。

　各福祉国家の過去10年の対応を見てみると[10]、大きく4つの改革ルートが見られる。北欧モデル（特にスウェーデンモデル）は、1970年代から80年代にかけての積極的な労働市場政策、社会福祉サービスの拡張、ジェンダー平等化等の社会改革と並行して誕生したものであり、雇用の最大化と女性の地位の平等化、つまり“平等と生産主義的社会政策”の両方を確固たるものにするモデルとして確立された。このモデルのマイナス面としては、公的部門は女性、民間部門は男性というジェンダー間の極端な分離が見られることであり、また公的部門の生産性が上昇しなければ財政難に陥り、高水準の社会保障給付を維持できなくなることである。第1の改革ルートである“スカンジナビア・ルート”は、北欧諸国が、賃金の弾力化と主要な社会保障給付の切り下げを余儀なくされているものであり、ノルウェーだけが原油産出に伴う収入があるため、現在のところこの問題を回避できているとされる。しかし北欧社会政策の傾向がアメリカ型福祉国家の方向に向いているわけではなく、現在のところ、福祉国家の基本的原則からのパラダイムシフトではなくて、微調整の段階に留まっている。スカンジナビア社会政策におけるもっとも顕著な傾向は、若・壮年層に優先順位が移行している点であり、福祉国家を解体することなく再構築することが現実的課題となっている。特にスウェーデンは、重い圧力の下で寛大な普遍的福祉モデルを維持しようと試みており、重大な改革作業を継続、その多くは議会における広範な政治的支持を得ている。どの程度まで寛容な福祉国家が後退するかは、スウェーデン経済のパフォーマンスに依存するとされるが、社会計画の削減は大変高く寛容な水準から始まっているので、スウェーデン福祉モデルの一般的な性格は現在も存在し、将来においても保持されていくであろうと予想されている[11]。スウェーデンは巨大な予算の赤字を財政的に支えなければならないが、ノルウェーは黒字予算の状況下で「石油資金」を作ることに成功したため、大きな福祉改革の必要性は生まれず、現在、スカンジナビア福祉モデルの最も強い代表者はノルウェーであるとされるが、そのノルウェーにおいても、より一般的な“欧州”的“公

的私的混合モデル"への移行がゆっくりと進んでいる。

　第2の改革ルートである"新自由主義ルート"は、アメリカ、イギリス、ニュージーランド、カナダ、オーストラリア等において進行中であるが、規制を緩和し、市場が主導する戦略を計画的に採用するものである。アメリカモデルの根本仮定は"市場が基礎的な公的セーフティネットを補足すべきである"というものであり、それゆえ賃金の弾力化が可能となるが、同時に不平等と貧困の拡大が問題となる。イギリスにおいても、限界において目標を決めた干渉を伴う、最小限の保障へと改革を進めてられており、普遍的だが基本的に低い均一割合の給付に留まるこの改革方針により、貧困層は以前より拡大している[12]。第3の"労働削減ルート"は、"仕事なき成長のシナリオ"を描くものであり、ドイツ、オランダ、イタリア等に見られるものである。ドイツは自由主義モデル化の傾向が見られるが、社会保障費削減の割合は微々たるものであり、EU内での確固たる地位を保全していくことが必須であるとされている。ドイツ福祉国家は大衆とエリート双方から強力な政治的支持を享受していることから、大規模な改革は見られないが、これを維持していくためには、継続的な経済成長が前提となる。これら諸国の根底にある仮定は、"家族メンバーはフルタイムで働く男性稼得者に依存することができ、一般的に妻は世帯内部での社会的ケアの責任を負う"というものであり、この構図を緩和することが必要であるとされる。女性労働者の供給と需要を増大させることが必要であるが、それが可能であるかどうかは、現在予測できない状態であるとされる[13]。またポーランドは社会保障の新たな概念を探求しており、これまでの流れはドイツモデルの方向を志向するように見えるが、社会保障制度のより小さな組織的な断片化を伴ったものとなっている。欧州福祉国家の将来が再び世界のモデルになるかは不透明であるとされる[14]。

　第4の改革ルートとして、新しい福祉国家の出現が見られる。中・東欧諸国は自由主義的戦略を追求し、社会保険の民営化、公的なセーフティネットの縮小、ターゲットを絞りミーンズテストを伴う扶助へのシフト、労働市場規制における自由市場重視等の改革を進めている。また東アジア諸国はユニークなハイブリッド型を採用し、大陸ヨーロッパモデルとは家族依存重視と公的社会サービスを忌避する傾向を共有しながらも、ある程度のアメリカ化を進めている。東アジア諸国においては、慎ましい程度の公的福祉水準は主要セクターの男性労働者が私的制度でカバーされるという仮定に依拠しており、日本、韓国、台湾は儒教を共有していることから、女性の家庭内や地域における無償労働が不可欠な、家族中心的福祉レジームを維持

している。またラテンアメリカの国々は、新自由主義の戦略を避け、事実上、公的なセーフティネットを強化する方向にシフトしている。

　人々が福祉国家にたどり着くまでには長い歩みが存在しており、また福祉国家にたどり着いた多くの現代国家が今後どのような方向に進もうとしているのかもまた一様ではない。理想の福祉国家を構築するための試行錯誤の歩みは、世界各国で、今日でも絶え間なく続いているのである。

注）────────────────

1) 厚生労働省編『平成24年版　厚生労働白書──社会保障を考える──』79-85頁。

2) 厚生労働省編、前掲書、84頁。

3) 渋谷博史・渡瀬義男・樋口均編『アメリカの福祉国家システム──市場主導型レジームの理念と構造』東京大学出版会、2003年。

4) 新川敏光編著『他文化主義社会の福祉国家──カナダの実験』ミネルヴァ書房、2008年。

5) 白鳥令編『福祉国家の再検討』新評論、2000年、17頁。

6) 富永健一「福祉国家の分解と日本の国際的位置」『海外社会保障研究』142号、2003年、4-16頁。

7) 『現代ドイツ福祉国家の政治経済学』1頁。

8) G.エスピン・アンデルセン著、渡辺雅男・渡辺景子訳『福祉国家の可能性──改革の戦略と理論的基礎』4-7頁。

9) G.エスピン・アンデルセン編、埋橋孝文監訳『転換期の福祉国家──グローバル経済下の適応戦略』早稲田大学出版部、2003年、編者まえがきより。

10) G.エスピン・アンデルセン編、埋橋孝文監訳、前掲書。

11) 白鳥令編、前掲書。

12) 白鳥令編、前掲書。

13) 白鳥令編、前掲書。

14) 白鳥令編、前掲書。

第Ⅱ部
公務員制度

第 **4** 章

生活大国の登場

　自由な経済活動を最優先する"小さな政府"は、格差社会を容認し、税金による公務員の活動を最小限にとどめることで、能力・業績主義に徹した、"公平な競争社会"を実現しようとした。他方、所得格差を最小化するために、公務員が様々な社会保障政策を実施していく"大きな政府"は、"結果としての人々の暮らし"を公平なものにするために、高い税金を市民に課すかわりに、あらゆる側面から行き届いた公共サービスを提供していく。言い換えれば、低負担低福祉の自由主義国家を追求するのか、高負担高福祉の福祉国家を実現するのか、といった議論のもとに、各国が理想の国家像を追求していった時代も存在したのである。

　世界には、現在でも、理想の国家像をそのどちらかに定め、その実現に向けて公共政策を実施している国も存在している。また、自由主義経済を取り入れながらも、比較的高い水準の社会保障政策を実施する第3の道を選択することで、自由な経済活動を保障しながらも、ある程度格差を是正するしくみを持つ国々も存在している。わが国でも経済一辺倒の価値観を見直し、視点をもう少し"国民の日常生活"に近づけた、"住みやすい国"、"生活しやすい国"を追求していく動きが見られ始めて久しいが、急速な少子高齢化の進行と、逼迫する財政事情のもとで、国民が満足する"暮らしやすい国"を十分に実現できているとは言い難い。"身の丈にあった生活"という言葉が古くから日本には存在するが、わが国が追求すべき"身の丈にあった国家像"とはいかなるものなのか、"真の豊かさ"を高度化・多様化させていくのではなく、むしろコンパクトに、実現可能な水準で追求していく手法はどのようなものなのか、もう一度私たち一人ひとりが立ち止まり、真剣に考えてみるべき時代が到来している。

　"生活大国"がどのようなものなのか、明確な定義が存在しているわけではない。

ただ、"住みやすい都市"という名でもてはやされる多くの都市というものが、都市の規模や成長を適度に管理し、バランス良い政策配分により"市民の暮らしやすさ"を多方面から総合的に実現している諸都市であることから、それを国家に当てはめて考えてみても、"後世に借金を残さず"、"人口バランスの適正化を図る"ことを前提とした上で、できる限り国民の"暮らしやすさ"を実現できる国が"生活大国"であり、私たちの理想の国家像の一つの選択肢になり得るのではないか、ということである。同時に、このような国家観の変化により、それを実現していく実質的な主体である公務員にも、これまでとは異なる能力が求められてくることになり、また行政システムそのものにも、様々な改革が必要とされてくることになるため、現在の公務員制度の抜本的な改革も必要とされてくる。

　わが国においては、1992年に宮澤喜一首相が『生活大国5カ年計画──地球社会との共存をめざして──』という経済計画を提示し、"生活大国"というものが国家ビジョンとして提示され始める。しかし第1に、その計画そのものが"経済計画"であり、その実施手法も、従来型の中央集権的な行政システムを前提としたものであったこと、第2に、生活大国が国家ビジョンとして提示されながらも、少子高齢化の進行により人口バランスは崩れ続け、また、世界に類例のない借金を後世に残しながら、従来型の公共政策を実施している状況が続いていること、の2点を勘案すると、わが国の政治・行政は一向に、経済一辺倒の価値観から、脱却できないでいると言わざるを得ない。"生活大国"というものをめざし始めて20余年が経過した現在においても、国民の長時間労働を前提とし、"経済発展"を最優先とした上で、"生活大国"や"暮らしやすさ"を考えている状況に一向に変化が見られないことから、少子高齢化も借金大国も改善されず、私たちの生活は"真の豊かさ"から、ますます遠いものになっている。

　勿論、個人の選好は自由なものであるから、経済的・物質的な豊かさを最優先させる価値観が間違っているというわけではない。しかし現在のままの政治行政システムを継続していくことは、人口バランスの適正化と借金の返済という問題を解決できないまま、国民の負担ばかり増えていく状況を生み出すことは明白であり、国の将来が危ぶまれる現状は改善できない。また仮に公共サービスの水準を下げ、増税等により国民負担を増加させたとしても、現在のままのシステムを続けていく限り、"人口バランスを適正化させ、借金を完済し、真の生活大国を実現できる"、というシナリオは実現できるとは言い難いのである。これは多くの国民が実感していることであり、"負担ばかり増えても、将来良い社会になるという明るい未来を描

くことが難しい"という厳しい状況が続いているのである。とするならば、より少ない予算で人々の幸せを実現するために、国家観を変えていく必要があり、また公務員一人ひとりの考え方、行政組織のあり方を変化させていくことが求められてくるのである。個人と同様に、国家としても、"無駄を省き"、"今あるものを最大限活用できるシステムを構築"していくことで、財政的に厳しい中でも、国民に豊かな日常生活を保障していく方策を考えていくべきである。

　生活大国の実現には、地方分権改革と公務員の意識改革が必須である。それは、現在進められているような"上からの分権改革"ではなく、各自治体が親身になって、その街の住民にとっての暮らしやすさを実現していくことであり、また公務員一人ひとりの意識改革のもとに公務員教育を充実させ、プロの政策コーディネータとしての公務員を育てていくための方策を考えていくことが大切である。

　自由な経済活動を最優先する"小さな政府"は、格差社会を容認し、税金による公務員の活動を最小限にとどめることで、能力・業績主義に徹した、"公平な競争社会"を実現しようとする。GDP（国民総生産）で長らく世界第1位を維持しているアメリカ合衆国は、主要先進国の中で"小さな政府"を追求する代表的な国として知られるが、税金をできる限り最小限にとどめ、国民の自己責任のもとに、自由競争社会を築きあげてきた。その結果、世界有数の大富豪を生み出し、優秀な人材を世界中から集めることで、経済力に留まらず様々な分野で、世界の中心的役割を果たしている一方、国内には多くのホームレスがあふれ、銃社会が生み出す病理や人種差別の残存など、深刻な社会問題が未解決となっている。他方、所得格差を最小化するために、公務員が様々な社会保障政策を実施していく"大きな政府"は、"結果としての人々の暮らし"を公平なものにするために、高い税金を市民に課すかわりに、あらゆる側面から行き届いた公共サービスを提供していく。世界で最も高い水準の福祉国家を実現していることで知られる北欧諸国（ノルウェー、スウェーデン、デンマーク等）では、所得の50％を超える高い税金を国民に課す代わりに、教育、医療、社会保障政策をはじめとする多分野で、すべての国民に高い水準の行政サービスを提供する"格差の小さい社会"を実現している。女性の社会進出や教育領域での国際競争力等で世界第一位を誇るノルウェー等、これら北欧諸国は、豊富な天然資源に支えられ、国内労働力の低下等の問題を克服するための努力を続けている。これら国家観の違いは社会・経済システムのあり方そのものに多大な影響を及ぼし、そのしくみの中で、税金を用いて公共サービスを提供する"公務員""行政組織"のあ

り方や果たすべき役割も異なってくる。低負担低福祉の自由主義国家を追求するのか、それとも高負担高福祉の福祉国家を実現するのか、といった議論のもとに、各国が理想の国家像を追求した結果、自由主義国家をできる限り純粋に追求したアメリカ合衆国は世界第1位の経済大国となり、また民主主義国家でありながら、国民の高負担を前提に、すべての国民に限りなく平等に近い社会を実現した北欧諸国は、世界で最も高水準の福祉国家を実現したとされるのである。

　やがて世界の多くの国々は、極端な自由主義国家でも福祉国家でもない、中間的な国家像を求めるようになり、自由主義経済を前提としながらも、ある程度の社会保障政策を実施する第3の道を選択することで、自由な経済活動を保障しながら、同時に所得格差を是正するしくみを持つ国をめざすことになる。社会保障政策に公的セクター以外のアクターも参加させていく"福祉ミックス論"等、その政策実施手法にも工夫がなされていくわけだが、"純粋な自由主義"と"純粋な福祉国家"の間で、いわば妥協点を見つけ、それぞれの国が実現可能な水準で、できる限り国民の生活を豊かなものにしようと試みていくのである。そのなかで一つの選択肢として、健全な財政と人口バランスのもとで、国民の収入、生活、教育、文化、環境、医療、社会資本など、多様な公共政策をバランスよく一定水準に保障していくことができる"生活大国"が注目され始め、それを実現しているとされるカナダやオーストラリア、ニュージーランド等が、国際社会において脚光を浴びるようになるのである[1]。自由競争をある程度保障することで、国外への労働力の流出を防ぎつつ、適度な公的セクターの介入により、一定水準の文化的な生活水準を、全ての国民に保障しようとする国家づくりである。

　個人の選好は自由なものであるから、経済的・物質的な豊かさを最優先させる価値観が間違っているというわけではないが、"人口バランスの適正化"と"借金の返済"なくしては国の将来は語れないことを考えると、より少ない予算で人々の幸せを実現するために、国家観を変えていく必要があり、また公務員一人ひとりの考え方、行政組織のあり方を変化させていくことが求められてくる。少子化の進行により、将来を担う若者が減少していけば、ほとんど資源をもたないわが国において労働力人口が不足し、財政システムそのものが成り立たなくなる。それゆえ"人口バランスの適正化"は急務であり、また後世にツケを残す借金に頼った行政システムは、最終的には国家の財政破綻を引き起こすことから"借金の返済"も必須の政策課題である（図表7）（図表8）。わが国の少子高齢化や借金の状況は、既に他の先進諸国よりも深刻な水準に達していることから、これらに諸問題を解決していくために

図表7:世界各国の借金の状況

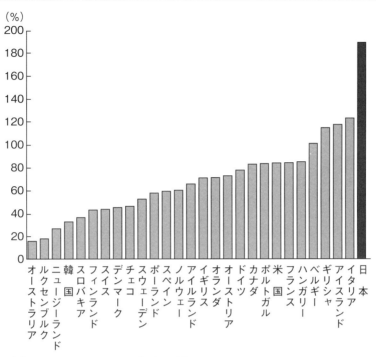

出典:OECD, *Economic Outlook* No.86.

図表8:少子高齢化の現状

●先進諸国における合計特殊出生率の推移　　　　　　　　　　（単位:％）

	日本	米国	イギリス	フランス	ドイツ	イタリア	スウェーデン
1960年	2.00	3.64	2.71	2.73	2.37	2.41	2.20
1970年	2.13	2.48	2.43	2.47	2.03	2.43	1.92
1980年	1.75	1.84	1.89	1.95	1.56	1.64	1.68
1990年	1.54	2.08	1.83	1.78	1.45	1.33	2.13
2000年	1.36	2.06	1.64	1.88	1.38	1.26	1.54
2002年	1.32	2.01	1.64	1.87	1.34	1.27	1.65
2003年	1.29	2.04	1.71	1.88	1.34	1.29	1.72
2004年	1.29	2.05	1.78	1.90	1.36	1.33	1.75
2005年	1.26	2.04	1.84	1.92	1.34	1.32	1.77
2006年	1.32			1.98	1.33	1.35	1.85
2007年	1.34						

注:ドイツは1990年までは旧西ドイツのデータ。イギリスは1980年まではイングランド・ウェールズのデータ。

出典:日本は厚生労働省大臣官房統計情報部「人口動態統計」
　　　諸外国は、U. N., *Demographic Yearbook,* Council of Europe, *Recent demographic developments Europe*, NCHS, *National Vital Statistics Reports* による。

第4章　生活大国の登場

●主要国の65歳以上人口割合　　　　　　　　　　　　（単位：%）

	日　本	米　国	イギリス	ドイツ	フランス	スウェーデン
1950年	4.9	8.3	10.7	9.7	11.4	10.3
1960年	5.7	9.2	11.7	11.5	11.6	12.0
1970年	7.1	9.8	13.0	13.7	12.9	13.7
1980年	9.1	11.2	14.9	15.6	14.0	16.3
1990年	12.1	12.2	15.7	15.0	14.0	17.8
2000年	17.4	12.3	15.8	16.4	16.3	17.2
2010年	23.1	12.8	16.6	20.5	16.5	18.4
2020年	29.2	15.8	18.9	22.4	20.2	21.1
2030年	31.8	19.4	21.6	27.3	23.2	22.8
2040年	36.5	20.5	23.7	30.3	25.3	24.2
2050年	39.6	21.0	24.1	30.2	25.9	24.1

出典：United Nations. *World Population Prospects: The 2006 Revision*（中位推計）による。ただし、日本は総務省統計局『国勢調査報告』および国立社会保障・人口問題研究所『日本の将来推計人口（2006年12月推計）』（出生中位［死亡中位］推計）による人口。

は、行政サービスの水準を下げたり、国民の負担を増やすという短絡的な手法のみに頼るのではなく、抜本的な諸制度の改革と、公務員一人ひとりの意識改革が必要となってくる。個人と同様に、国家としても、"無駄を省き"、"今あるものを最大限活用できるシステムを構築"していくことで、財政的に厳しい中でも、国民に豊かな日常生活を保障していく方策を考えていくべきである。

　現在進行中の地方分権改革は、"ナショナル・ミニマム（国の最低基準）"を保障するために、中央政府が公共政策を形成し、それを地方自治体が着実に実施していくという中央主導型の政策過程のあり方を変え、地域の実情に適した公共サービスを地方自治体が形成・実施していくことを可能とするシステムを作りあげようとするものである。その方向性自体は、国民の日常生活をより豊かなものにしていこうとする"生活大国"実現に適合したものであると言えるが、それは権限や財源の所在を中央から地方へ移していこうとする改革であり、そこに求められる公務員像や行政組織のあり方そのものを転換していこうとする試みではない。これまでわが国では、各省が採用から人材育成までを担う縦割り型の中央政府において、それぞれの政策に詳しい専門家として"優秀な"国家公務員が育成され、中央からの指令に従い着実に政策を実施していくという意味での"優秀な"地方公務員が各自治体において採用・育成されてきた。これを"多様な政策間のバランスを取りながら"、"市民の立場からみた暮らしやすさを実現できる"という意味で"優秀な"国家・地方公務員を育てていくという視点に変えていくためには、大きくは、縦割り型の行政シス

テムそのものを改善していくことが必要であり、また採用試験のあり方等も変えていく必要がある。更にもう少し内部的な行政管理制度についても、現在のような年功序列的な昇進の仕組みや研修制度のあり方を見直し、公務員一人ひとりの"政策形成能力"や"市民と行政間のコーディネート能力"といった、これまでとは異なる能力を正しく評価し、伸ばしていけるような仕組みを構築していかなくてはならない。これらについては古くから問題提起はされているものの、進行中の地方分権改革の中でも、真剣に取り組まれているとは言い難い。公務員が自らの意識を変革し、システムを変えていくことは難しいことではあるが、権限・財源の国から地方への移譲が進み、また市町村合併等により自治体レベルの政策能力が向上したとしても、これまでの価値観・政策手法による行政を続けていたのでは、経済政策優先のまちづくりに変化はなく、真に正しい意味での"生活大国"を実現していくことはできないことから、行財政システムの変革と同時に、真剣に取り組むべき急務の政策課題である点を自覚すべきである。単に政策を担う主体が、かつての中央政府から地方自治体に変わったというだけでは、何の問題解決にもならないのである。求められる行政組織像・公務員像を変え、公務員を育成していく行政組織を変えていかなければ、国家の価値観を変えることも、公共政策のしくみを変えることも難しく、人口バランスの適正化と財政健全化を果たした上での、暮らしやすさの実現など、絵に描いた餅に終わってしまうのである。その意味では、私たち一人ひとりも、"お役所任せの国づくり"という視点を変え、どこまでの負担を覚悟し、どのような公共政策を実現することが出来れば、より良い社会であると言えるのか、もう一度真剣に考えてみるべきなのである。

第 5 章

世界の行政システム

1. 現代国家と公務員

　個々人が、自ら得た所得の一部を税金として政府に納め、それを用いて公務員が公共政策を行う"現代国家"の仕組みを作り出してから久しいが、その長い歴史の中で常にリーダー達が頭を悩ませてきたのが、"巨大な行政組織をいかに管理し、望むべき方向性に動かしていくか"という古くて新しい課題である。公共政策を形成・実施していく実践力としての公務員が有能であり、生み出される政策が有効であるならば、税金を無駄にすることなく、市民の望む国家づくりが実現されるからである。

　かつての官僚組織は軍隊とともに、リーダーを支える重要な役割を果たし、トップの命令を絶対のものとして働く下部組織であった。それが時代とともに変化し、主権者である国民（より身近な用語で表せば"市民"）の望む政策を形成・実施していく主体として、"他人の金で他人のために働く公僕"という存在になっていく。政治的リーダーの示す方向性に従いながらも、多種多様な市民の要求を実現し、かつ昔ながらの巨大な官僚組織としての一体化も図っていくという、いくつもの難しい課題をかかえながら、"行政組織に属する公務員一人ひとりの育成をいかに図っていくのか"。その試行錯誤の歩みは、今も世界各国のあらゆる政府組織の中で、絶え間なく続いているのである。

　公務員の採用から退職に至る一連のプロセスの中で、どのような人材をいかなるルートで昇進させ、適材適所に配置し、研修等を通じて教育していくのか、という課題は、総合的に"行政管理"という呼び名で扱われるが、その手法は世界各国において一様ではない。わが国の行政組織は中央地方ともに、若手を採用して行政組

織内で、研修等を通じて幹部公務員を養成していく"閉鎖型任用システム"を採用しているが、米国では、新卒学生に限らず、民間企業で働く社会人であっても、行政大学院等でMPA（Master of Public Administration: 行政学修士号）を資格として取得する者を積極的に中途採用していく"開放型任用システム"を有しており、幹部公務員としての即戦力をより重視した仕組みとなっている。この開放型・閉鎖型の違いは行政組織に限らず広く民間企業における採用にも見られるものであり、わが国が組織全体の連帯感を重視するのに対し、米国が個人の資格・資質を重視するという、社会全体の文化の違いから生じているものである。どちらの制度にも長所・短所があり、優劣をつけるべきものではないが、それらの違いを正しく理解していないと、お互いの理解を阻害する要因となり得る。また、日本・米国は対照的な仕組みを有しているが、世界各国にはこの"中間型"とも言えるシステムを採用している国も多々存在することから、白黒ではなく、白に近いグレーや、限りなく黒に近いグレーにもまた、その有効性を見つけていく必要があると言えよう。

2. 開放型と閉鎖型

公務員の採用・昇任・転任といった人事制度とその運用を総称して"任用"と呼ぶが、現代の公務員制度の下では、公開競争試験に基づく資格任用制（メリット・システム）が原則とされており、猟官制（スポイルズ・システム）や情実任用は制限されている。

先進諸国の資格任用制は「開放型任用システム」（多様な任用のされ方がなされる制度）と「閉鎖型任用システム」（一番下の地位で採用される入り口採用が原則となる制度）と呼ばれる2つの任用形態に大別されるが、両者ともに資格任用制を原則としながらも、資格・能力の捉え方を異にしている。

「開放型任用システム」は、職務を内容と責任の程度に応じて分類し、体系的に職種と等級に分け、これを基準に任用・給与していく"職階制"を基礎とした制度であり、科学的管理法[2] を基本とする人事行政手段として、1920年代にアメリカの公務員制度に導入され、現在に至っている。この制度の特徴としては、(1) 職位の職務・職責をこなすに足りる即戦力が重視され、その職種に対応した採用選考が行われる、(2) 終身雇用制を前提とはせず、個別採用・中途採用が頻繁に行われる。言い換えれば、採用は一番下の職位に限定されず、管理職の採用も稀ではない、(3) 官民間、政府間、各省間での就職・転職が比較的容易な社会でうまく機能する制度

である、等が挙げられる。

「閉鎖型任用システム」は、ヨーロッパ諸国や日本で主に見られる任用形態であり、入り口で一括採用された職員が、組織内の人事異動を通じて昇進していく制度である。職員はジェネラリストとして、いかなる職位に配属されてもその職位・職責に適応することが求められ、職務をこなしながら、あるいは組織内で研修等を受けながら、必要な事務処理能力を取得していく。この制度の特徴としては、(1) 新規採用職員に要求される資格・能力は、学歴や職位に対応した専門知識のような一般的かつ潜在的な能力であり、この潜在能力を顕在化させるために、組織内で研修が繰り返されていく、(2) 終身雇用が基本となるため、採用は入り口にほぼ限定され、中途採用は稀である、(3) 組織単位ごとの終身雇用と年功序列を基本としているため、官民間や政府間、各省間での労働力の移動が難しい制度である、(4) 公務員の採用にあたり、身分制が見られることが多い。例えば日本の国家公務員制度では、大学卒、高校卒等の学歴による区別に加えて、キャリア（国家公務員I種試験に合格して採用された職員）かノンキャリア（それ以外の職員）かによって、採用後の人事異動のルートが異なり、昇進の速度や程度に大差が生じることになる。イギリスの行政階級と執行階級、フランスのテクノクラートとビューロクラート等も同様の例であると言える。

3. 各国の公務員制度

次に、アメリカ合衆国、イギリス、ドイツ、フランス、オーストラリア、日本の6カ国の公務員制度についての比較を行い、生活大国を実現していくことができる行政組織のあり方について、検討を進めていきたい。従来、公務員制度の比較には、アングロサクソン型の代表例として米英を、ヨーロッパ大陸型の代表例として独仏を取り上げ、それらの中間型に位置するわが国とを比較しようとするものが多かった[3]。本章であえてオーストラリアを加えたのは、先述の"世界一住みやすい都市"に、オーストラリアに属する多くの都市が選定されているからである。オーストラリアの、中央地方関係を含めた行政システムのあり方もまた、わが国の公務員組織を改革していく上で、欧米先進諸国にはない新しい示唆を提示してくれるものと期待できる。

いずれの国においても"市民のニーズを的確に把握し、無駄なく有効な公共政策を形成・実施していく"公務員の育成、ならびにその全体像としての公務員組織の

管理・運営は、リーダー達の最重要課題として取り上げられ、現在、様々な改革が実践されている。最初に各国の人口1000人当り公務員数の比較から行っていきたい(図表9)。

以外と思われるかもしれないが、わが国の人口1000人当りの公務員数は、国・地方ともに他国と比較して、かなり少ないものである（図表10）。"官僚主導の国"であると言われ[4]、政治よりも行政が国の実際の諸制度を形成し、政策を実施していることを勘案すると、単純に公務員数のみから考えてみれば、わが国の公務員は他国よりかなり多くの仕事をこなしていることになる。民間に比べて非効率的であ

図表9：各国の公務員数の比較

	単一国家			連邦国家		
	イギリス	フランス	日本	アメリカ合衆国	ドイツ	オーストラリア
総人口	60,068,000	60,742,000	127,728,000	295,734,100	82,490,000	20,351,000
国家公務員数	2,535,000 (42,20)	3,147,000 (51,80)	1,606,000 (12,57)	2,900,000 (9,80)	1,839,000 (22,29)	268,600 (13,19)
地方公務員数	2,151,000 (35,80)	2,534,000 (41,70)	3,777,000 (29,57)	18,759,000 (63,43)	3,904,000 (47,32)	1,231,200 (60,49)
総計	4,686,000	5,681,000	5,383,000	21,659,000	5,743,000	1,499,800

注：括弧内の数字は人口千人当りの公務員数。
出典：総務省ホームページ（2005年データ）。

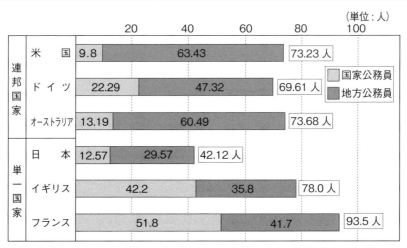

図表10：人口1000人当りの公務員数の国際比較

出典：総務省ホームページ（2005年データ）による。

る点が多く指摘され、定員削減の流れが加速しているが[5]、闇雲に公務員数を減らすことにより公共政策の量的・質的側面が低下していくのであれば、それが望ましい選択肢であるとは言えないかもしれない。理想とする国家像により必要な公共政策の量・質が決定され、それを実践できる数の公務員数が必要であるとするならば、"定数"の問題と同時に考えなければならないことは、"より効率的・効果的に組織を動かし、適材適所の人員配置と仕事配分の適正化を実践し、公務員一人ひとりのモチベーションを高めること"である。わが国の財政状況を勘案すれば、公務員数を現在より削減していくことは避けられないことであろうが、世界各国には公務員を増やしている国も見られることから、ただ減らせばよい、というのではなく、今ある人材をより有効に活用していくためのしくみづくりこそ、生活大国の実現に向けた、重要な一歩であると考えられるのである。理想の公務員像を変え、今までとは異なる能力を伸ばしていく行政管理システムを作りあげていけば、他国と比較して多くの仕事をこなしてきたわが国の公務員は、厳しい状況の中でも豊かな生活大国を実現できるかもしれない。行政組織や公共政策は、基本的に私的利益を追求する民間企業と異なる点が多々存在し、その組織の性質により、必要な諸改革が実行しにくい状況にあると言える[6]が、採用から昇進、退職に至る一連の人材管理のしくみを改善していくことで、無駄を省き、必要な政策をより多くこなすことのできる公務員、行政組織を育てていくことは、必須の政策課題なのである。

　それでは、どのような公共政策を実施し、どのような公務員組織のしくみを作りあげていけば、より良い社会ができあがるのであろうか。古くて新しいこの課題を考えていくために、各国の公務員制度について、もう少し詳細に検討していきたい（図表11）。

図表 11：6 カ国の公務員制度の概要

	イギリス	フランス	日 本	米 国	ドイツ	オーストラリア
公務員の種別	国家公務員 地方公務員	国家公務員 地方公務員	国家公務員 地方公務員	連邦公務員 ・州地方の 公務員	連邦公務員 ・州市町村 の公務員	連邦公務員 ・州自治体 の公務員
中央人事行政機関と権限	・内閣府 ・人事委員会	・行政公務 員総局	・人事院 ・総務省	・人事管理庁 ・メリットシ ステム保 護委員会 ・連邦労使関 係庁 ・政府倫理省	・連邦内務 省 ・連邦人事 委員会	・公務サー ビス委員会
採 用	各省及び「任用・評価サービス（RAS）」が行う競争試験	職員群ごとの競争試験、部外試験、部内試験	人事院が行う公開競争試験	人事管理庁又は各省庁が行う公開競争試験	各採用官庁が行う競争試験	下位官職については競争試験、幹部については別途公募による採用
キャリア公務員の採用	ファーストストリーム制度 *(1)	国立行政学院（ENA）*(2)	国家公務員Ⅰ種試験	大統領研修計画 *(3)	高級職ラウフバーン試験 *(4)	公務大学校 本文脚注(9)
政治任命	な し	高級職は政府が自由に任命	各大臣	長官、次官、次官補等の高級管理職	政治的官吏として法定されている高官	各大臣
昇 進	選 考	・同一職員群内は選考 ・上位カテゴリーの職員群への昇進は試験	非競争的昇進	・競争試験 ・非競争的昇進	・同一ラウフバーン内は選考 ・上位ラウフバーンへの試験	選 考
退 職	60 才	65 才	60 才 （早期退職と 天下り）	定年年齢なし	65 才	最低退職年齢 55 才以降自由に

*(1) ［ファースト・ストリーム制度］ 内閣府との契約により「任用・評価サービス」が競争試験を実施→各省庁が採用・配属→2 年間の条件付任用期間。この間、公務員大学校での各種研修に参加→主査級に昇進

*(2) ［国立行政学院（ENA）］ ENA は、高級官僚養成のための高等教育機関。幹部行政職員は、原則として ENA の卒業生から任命 ENA 入学試験・採用→研修期間 2 年 3 カ月→ENA での研修期間は見習い期間とされる。→卒業生は、成績の高い者から順に、国務院、財務監査官、会計検査官、外交官・領事官、高等行政官等の特定の職員群の 1 つを志望し、採用される。官庁側は選択権を持たない。

*(3) ［大統領研修員計画（PMI）］ PMI はいわゆる幹部候補ではないが、GS12 等級までは他の者より早く昇進する。 行政学、経営学等の大学院の学長による優秀な学生の推薦→人事管理庁による筆記試験・書面資格審査→各省庁において個別面接し、研修員ポストに採用（2 年間）→1 年目 GS 9 等級 2 年目 GS11 等級→3 年目（正式採用、GS12 等級）

*(4) ［高級職ラウフバーン試験］大学卒業試験（第 1 次国家試験または学位試験）→条件付官吏（少なくとも 2 年間）→ラウフバーン試験（またはラウフバーンの資格を付与する第 2 次国家試験）→見習官吏 3 年間→終身官吏に任官

（著者作成）

図表12：行政組織の比較

《イギリス政府の行政組織》

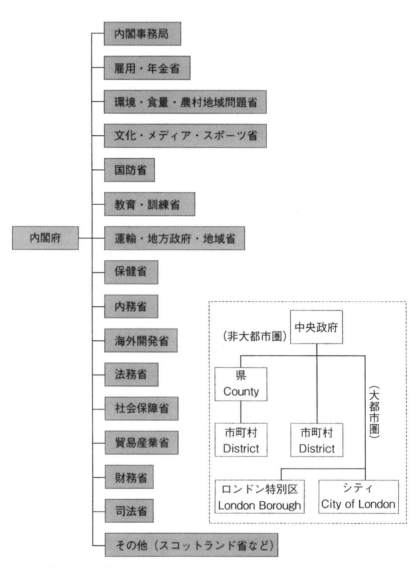

出典：イギリスの内閣　http://www.cabinet-office.gov.uk

図表12：行政組織の比較

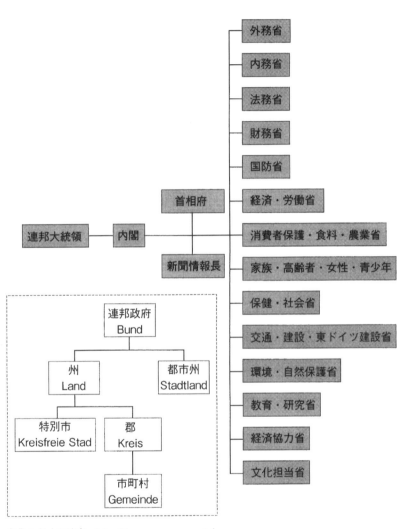

出典：ドイツ政府　http://www.government.de
　　　ドイツ連邦統計局　https://www.Statislk-band.de/e_home.htm

第Ⅱ部 公務員制度

図表12：行政組織の比較

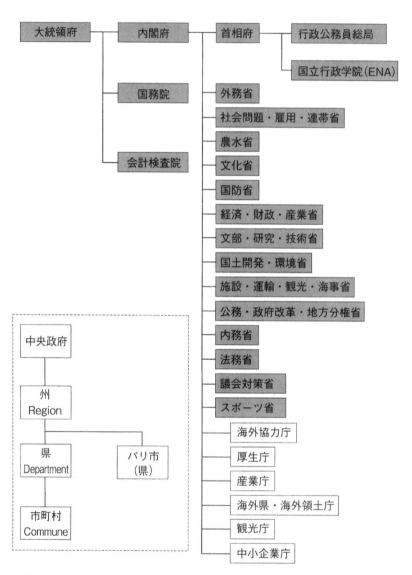

出典：フランス首相府　http：//www.premier-ministre.gouv.fr
　　　政府公務員総局　http：//www.fonction-publique.gouv.fr
　　　フランス国立統計経済研究所　http：//www.inseer.fr

図表12：行政組織の比較

《アメリカ連邦政府の行政組織》

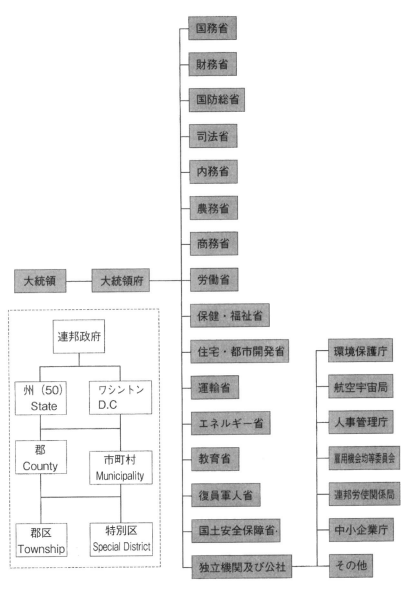

出典：アメリカ人事管理庁　http://www.opm.gov
　　　アメリカ政府統計関係機関　http://www.fedstats.gov
　　　アメリカ労働統計局　www.stats.bls.gov

図表12：行政組織の比較

《日本政府の行政組織》

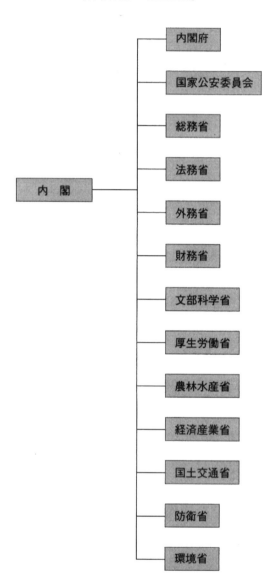

出典：総務省ホームページ。

図表12：行政組織の比較

《オーストラリア連邦政府の行政組織》

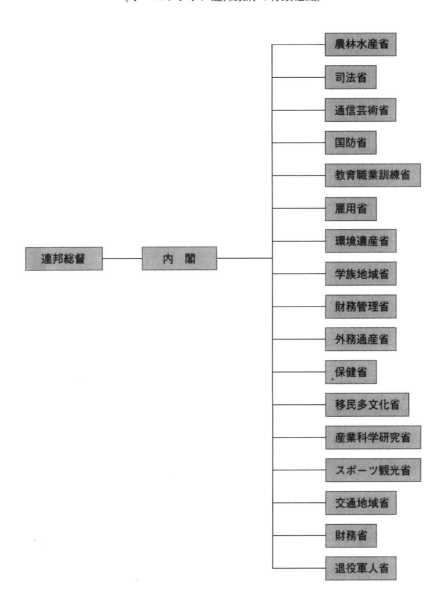

出典：ホームページ　http://www.geocitios.co.jp/WallStreet/2800/gov/australia.html

各国さまざまな公務員制度を有しており、それぞれ長所・短所も存在していることから、これらに優劣をつけられるものではない。しかし、これらを比較検討していくと、わが国の公務員制度に必要な改善点の多くが、明確化されてくることになる。

　イギリスの公務員は現在も"国王の奉仕者"と位置づけられ、政治的中立性が極めて高い水準で保持されている点が特徴的である。閉鎖型任用システムを採用しているが、職員が複数の省庁を移動しながら昇任していくしくみとなっており、省ごとの採用・昇進システムを有するわが国とは大きく異なるものとなっている。公務員は政治任用の対象にはならず、恒久的職員は権限を委任された各省および「任用・評価サービス（RAS）[7]」が行う、グレードごとの競争試験により採用される。また、幹部候補生についても RAS が競争試験を実施し、各省が採用・配属を決定するしくみとなっている。

　大統領が強いリーダーシップを発揮するフランスの政治システムのもとでは、閉鎖型任用システムを採用していても、フランス公務員はその上層部（各省の局長以上クラス）が政治任用の対象となり、大臣などによる政治任用が行われた場合には、大臣が交替すれば、これと身体を共にして辞職する、アメリカのスポイルズ・システムに近いものとなっている。もっとも、政治任用による上級職の採用数はアメリカの約 10 分の 1 に過ぎず、公務員の多くは外部競争試験により採用されるため、政治からの影響はアメリカほど大きくはならず、政権交代による幹部公務員の大量更迭のような現象も見られない。フランスでは政治任用のほかに、高級官僚のための高等教育機関としての国立行政学院（ENA）が設置されており[8]、キャリア公務員は原則として ENA の卒業生から任用されるシステムとなっており、内部昇進のための競争試験とともに、重要な機能を果たしている。

　開放型任用システムを採用するアメリカでは、公的部門と民間部門との間での就職・転職が比較的容易であり、多くのキャリア公務員は両者を出入りしながら昇進していく。キャリア公務員を養成するための行政大学院（MPA プログラム）が多数存在しており、そこで行政学修士号を取得した卒業生が、即戦力として各種行政機関の幹部職員として採用されていくことになる[9]。一般公務員は、競争試験による採用が原則であるが、省庁のトップをはじめとする多くの高級官僚職が政治任用の対象となっており、大統領をはじめとする政治的影響力が強く反映されるしくみとなっている（行政大学院における教育内容については第 7 章で詳述する）。

　ドイツにおいては、連邦・州・市町村を問わず、公務員の身分区分、俸給体系、

昇進基準などが統一されており、採用や昇進においてばらつきが見られるわが国の制度とは対照的なものとなっている。高級職・上級職・中級職・初級職の4官吏職種に区分され、原則的に職種を越える昇進が難しいため、閉鎖型任用システムの中でも、入り口における身分制度が厳格なしくみとなっている。他に政治任用による任用職もあり、政務次官・事務次官はともに政治的配慮により任用されている。

オーストラリアは開放・閉鎖混合型のような任用システムを有しており、下位の官職については共通の採用試験による採用が行われ、幹部候補生や上級管理職については、別途公募による採用が行われる。大臣が政治任命する政治顧問が制度化されているが、実質的な組織のマネジャーとして次官がおり、公務員の数や種類、採用、給与や勤務条件を自由に決定できる多大な権限を有している。次官は任期制で非公募であり、首相・内閣総督が人選する。その下の上級管理職（SES:Senior Executive Service）は高度の管理能力・専門性を有する幹部職員の一元管理・育成と、政府組織外部からの登用を促進するために1990年代の一連の公務員制度改革において設置された副次官・局長級ポストであり、公募制で採用が決定される。幹部候補生の採用・育成のために公務大学校（ANZSOG）[10]が設置されており、行政修士プログラムや行政幹部プログラムによる教育が行われる。民間からの採用は約2~3割である。

わが国の公務員制度については、次章で詳述するためその詳細は割愛するが、人事院が統一的に実施する採用試験（国家I・II・III種）に合格後、省庁ごとに個別採用が行われるしくみとなっている。採用から退職に至る一連の人事管理が省庁ごとに行われることから、閉鎖型任用制の中でも、極めて職員の移動の少ない、閉鎖性の強い任用システムを採用していると言える。また、原則として、公務員は最高ポストである事務次官まで政治任用の対象外とされており、諸外国と比較して政治任用が少ない点が特徴的である。

4. 制度改革の視点

開放型・閉鎖型はそれぞれ長所・短所を有しており、また社会全体のしくみと密接に関係していることから、それらに優劣をつけられるものではない。当然のことながら、わが国のように組織の連帯感を重視し、また民間・行政を問わず入り口採用を前提としている社会には、閉鎖型任用システムが適していると言えよう。但し、ひと口に閉鎖型といっても、各国様々なシステムを有しており、また開放型システ

ムの一部を閉鎖型に導入することも可能であることから、わが国の組織文化に適合しつつ、公務員一人ひとりのモチベーションと組織全体の効率性・効果性を高めていくための行政管理システムを作りあげていくことが必要となってくる。

フランスやドイツをはじめとする閉鎖型任用システムを採用する国々では、わが国と同様に2つの問題をかかえている。1つは"年功序列的な昇進システム"が避けられず、組織が硬直化することであり、もう1つは、"キャリア・ノンキャリアを入り口で区別する"しくみが、大多数のノンキャリアのモチベーション低下を引き起こし、組織全体の効率性・効果性を低下させているというものである。これらの問題を改善するために、例えばフランスでは、勤務評定制度の改革や競争試験による選抜システムの導入が現在行われており、またドイツでは、業績面を強調した方向への俸給表改定、管理職への一時昇進制度の導入、業績評価への相対的評価法導入、初級職・中級職間の昇進可能性の拡大、降格や強制移動を含めた人事異動の弾力化、管理への非常勤雇用の拡大、連邦・各州・市町村間の人事異動導入などが試みられている。いずれもわが国と類似した改革の方向性である。

わが国でも、総務省が最近行っている人事行政の改革状況を見ると、新たな人事評価の実施例として、平成21年度から導入された人事評価制度が挙げられ、「能力評価」（職務を遂行するに当たり発揮した能力を把握した上で行われる勤務成績の評価）と、「業績評価」（職務を遂行するに当たり遂行した業務を把握した上で行われる勤務成績の評価）の2つの基準により評価を行い、非評価者による自己申告や、非評価者との面談を通じて、評価者が指導・助言を行う仕組みを取り入れ始めている。また、官民人事交流の推進として、「官民人事交流法[11]」に基づき"民間企業との交流"が進められ、更なる交流拡大のための仕組みとして、平成21年3月に官民人事交流推進ネットワークが設立、民間企業に対する説明会の実施など、交流の実現に向けたきっかけづくりも始まっている。また、中央人事行政機関である内閣総務大臣を補佐する機関として、各省庁等の人事課長で構成する人事管理官会議等が主宰され、人事管理の統計的指針である人事管理運営方針の策定等を通じて"人事管理に関する総合調整"を行い、多様な人材の確保や育成という観点から、国と民間、国と地方公共団体、府省間の人事交流を推進している。つまり、わが国を含む閉鎖型任用システムを採用する国々にとって、"組織の中の昇進のしくみを年功的なものから能力・業績評価的なものに変えていくこと"、"外部との人材交流により、外部組織からの新鮮な空気を取り込むことで組織改革を行うこと"、の2点は、共通の政策課題となっているのである。わが国の昇進制度の改革には、ドイツ・フラン

スにおける改革の具体的内容や、イギリスにおける省庁間の異動のしくみなど、これら閉鎖型任用システムを有する国々の例が参考になるため、次章で更に検討していきたい。

　一方、米国をはじめとする開放型任用システムを有する国々にとっては、"組織にいかに有能な人材を登用し、即戦力として高い能力を発揮してもらうのか"という問題が最大の関心事となるため、有名大学の卒業やMBA（Master of Business Administration）・MPA（Master or Public Administration）等の資格取得の際に高いハードルが設けられることになる。言い換えれば、これら外部の教育機関において、いかに必要な人材を育て上げることができるのか、教育プログラムの充実が必須の政策課題となってくるのである。そのため、これら高等教育機関における教育内容は、わが国のものとは比較にならないほど高水準であることが多く、わが国の研修内容等に取り入れていくべき要素を多分に含んでいることが多い。公務員教育（特にキャリア公務員の育成）については後に詳細に検討していくが、これら開放型任用システムを採用する国々の高等教育機関におけるプログラム内容は、わが国における人材育成（特に組織のポストごとに実施される研修システム）の向上に、大きく寄与するものと考えられる。

　このように様々なシステムを有する各国の行政組織であるが、"理想の国家像を明確化"し、"それを実現するための予算と公共政策の配分"を考え、"必要な公務員数"を確保し、教育や研修を通じて"公務員一人ひとりのこなす仕事の量や質"を高め、行政管理システムを改革することで"行政組織全体の効率性・効果性"を高めていくという、共通のプロセスが求められてくる。多くの国々で改革途上であり、また理想の国家像が変われば、その後の全てのプロセスが変化してくることから、常にそれらは一定ではなく、試行錯誤が続くことになる。

第**6**章

わが国の公務員制度

　近代公務員は、住民に奉仕する公務員として、試験制度に基づき、近代雇用契約によって採用される。その特質としては (1) 国、地方自治体の公の目的を遂行する機関の構成員であり、(2) 私生活と公務員の公生活とは明確に分離されており（公経理と私経理、公金と私金）、(3) 個人としての市民が後天的に選択する公の職務（専門的職業）である、等が挙げられる。わが国は、戦前はプロイセン（ドイツ）型の公務員制度（天皇の官吏、明確な身分制、幹部候補生の任用は特定大学の卒業生などの特徴を有する制度）を採用していたが、戦後はイギリス型（市民の公僕としての身分、公開競争試験による採用、人事院や人事委員会の設置などの特徴を有する制度）に転換した。人事管理の仕組みは先述の通り、主にヨーロッパ諸国で採用されている閉鎖型任用システム（終身雇用、年功序列制が基本となり、入り口採用を主とする）を基礎としている。公務員になると私的利益追求行為が禁止・制限されると同時に生活が保障され、政治的行為が制限されると同時に身分が保障されることになる。また労働基本権が制限されるかわりに勤務条件が保障される。

　国家公務員は人事院の一括試験を経て、採用は省庁別であり、省庁一家が形成されており、少数のキャリア（平成 23 年度まで“国家公務員 I 種試験”にて採用）と多数のノンキャリア（平成 23 年度まで“国家公務員 II・III 種試験”にて採用）の 2 重の駒型昇進制が採用されている [12]。地方公務員の場合は幹部候補者の明示はなく、遅い昇進システム下での年功、昇進競争が一般化している。また昇進については公選首長の影響が強く、本庁と出先を行き来するジェネラリスト扱い [13] が常態化している。人事行政では全般的に(1)減点主義の発想（新しいことを実施することに対するプラス評価よりも、問題を起こすことに対するマイナス評価が優先されるため、職員は無難にルーティーンワークをこなすことを最優先させることになり、能動的な

発想、行動を抑制するものとなっている）、(2) 経験主義の優先（日々の職務を無難にこなしていく"職務能力"と、特定分野の専門家として政策立案などを行うことができる"専門能力"を混同し、職務能力を優先した人事が行われる）、(3) 年功主義の定着（能力・業績の評価視点を欠き、基本的に勤続年数を評価する年功賃金と年功昇任制が常態化している）、(4) 人事の閉鎖性（閉じた組織、閉じた仲間集団内での異動が一般的であり、民間企業をはじめとする他組織との遊離が問題となる）、(5) 政策プロより事業プロ優先、出先より本庁優先（本庁中心主義、事業官庁）、(6) 国のキャリア・ノンキャリア制度（大卒が一般化する中で、今後特権的身分制は必要か）、等が主な問題点とされている。

　以上が一般的に言われるわが国の公務員制度の概要であるが、各国との比較も含めて、日本型公務員制度をもう少し詳細に検討していきたい。

1.　国家公務員

　先述のとおり、わが国の国家公務員は、人事院の実施する採用試験を経て、省庁別に採用がなされるしくみとなっており、国家公務員Ⅰ種試験で採用される少数のキャリア公務員と、それ以外の試験で採用されるノンキャリア公務員の2重の駒型昇進制が採用されてきた。平成24年度より、総合職試験（院卒者試験と大卒程度試験に区分）と一般職試験（大卒程度試験と高卒者試験に区分）、経験者採用試験という3種類の新しい試験制度に変わったが、キャリア・ノンキャリアを入り口から区別する昇進制の基本は踏襲されている。また、国家公務員の採用、昇進、研修、退職等については、総務省人事恩給局が直接的な管轄部局であり、行政管理全般に携わる重要な部局として、国家公務員組織全体に多大な影響力を有している。官民間の人脈形成は公共政策のスムーズな実施に欠かせないものではあるが、批判の多い天下りのような仕組みではなく、官民間での中途採用の拡大など、開放型システムを取り入れていく形で構築していくことが望ましい改革方向と言えよう。

　人事院の一括採用試験の後、官庁訪問を実施し、各省ごとに採用が行われる点も、わが国のキャリア公務員に特有の採用制度である。試験合格イコール採用ではなく、国家公務員Ⅰ種試験合格者は採用を希望する省を訪問し、自らをPRすることで各省に採用されるしくみとなっており、"国家公務員として"ではなく、採用から退職まで一貫した"一つの省の中で"人事管理がなされるわが国のしくみは、閉鎖型任用システムを採用する国々の中でも、極めて狭い範囲での移動しかできないシステ

ムと言える。官民間、省庁間の自由な行き来が前提となる開放型任用システムとは、まさに対極に位置する制度である（図表13、図表14、図表15）。

各国のシステムと比較検討してみると、わが国の国家公務員の任用システムには、大きく3つの問題点があると考えられる。第1は、マークシート方式による5択

図表13：国家公務員の採用試験（種別）

		試験種目	解答題数 解答時間	配点比率	内　容
政治・国際 法律 経済 人間科学 工学 数理科学・物理・地球科学 化学・生物・薬学 農業科学・水産 農業農村工学 森林・自然環境	第1次試験	基礎能力試験（多肢選択式）	40題 3時間	2/15	公務員として必要な基礎的な能力（知能及び知識）についての筆記試験　知能分野27題　文章理解⑪、判断・数的推理（資料解釈を含む。）⑯　知識分野13題　自然・人文・社会⑬（時事を含む。）
		専門試験（多肢選択式）	40題 3時間30分	3/15	各試験の区分に応じて必要な専門的知識などについての筆記試験（出題分野は別添のとおり）
	第2次試験	専門試験（記述式）	【政治・国際、法律、経済区分】3題 4時間 【その他の区分】2題 3時間30分	5/15	各試験の区分に応じて必要な専門的知識などについての筆記試験（出題分野は別添のとおり）
		政策論文試験	1題 2時間	2/15	政策の企画立案に必要な能力その他総合的な判断力及び思考力についての筆記試験（資料の中に英文によるものを含む。）
		人物試験		3/15	人柄、対人的能力などについての個別面接（参考として性格検査を実施）
大卒程度試験 教養	第1次試験	基礎能力試験（多肢選択式）	Ⅰ部　24題 2時間 Ⅱ部　30題 1時間30分	5/28	公務員として必要な基礎的な能力（知能及び知識）についての筆記試験 Ⅰ部：知能分野 文章理解⑧、判断・数的推理（資料解釈を含む。）⑯ Ⅱ部　知識分野 自然⑩、人文⑩、社会⑩※時事を含む。
		総合論文試験	2題 4時間	8/28 *（1）	幅広い教養や専門的知識を土台とした総合的な判断力、思考力についての筆記試験 Ⅰ：政策の企画立案の基礎となる教養・哲学的な考え方に関するもの　1題 Ⅱ：具体的な政策課題に関するもの　1題
	第2次試験	政策課題討議試験	概ね2時間程度	4/28	課題に対するグループ討議によるプレゼンテーション能力やコミュニケーション力などについての試験 6人1組のグループを基本として実施 レジュメ作成（20分）→個別発表（1人当たり3分）→グループ討議（45分）→討議を踏まえて考えたことを個別発表（1人当たり2分）
		企画提案試験（小論文及び口述式）	Ⅰ部　1題 2時間 Ⅱ部　1時間	5/28	企画力、建設的な思考力及び説明力などについての試験 Ⅰ部：小論文 課題と資料を与え、解決策を提案させる Ⅱ部：プレゼンテーション及び質疑応答 小論文の内容について試験官に説明、その後質疑応答を受ける
		人物試験		6/28	人柄、対人的能力などについての個別面接（面接参考資料を事前提出、参考として性格検査を実施⑪）

			試験種目	解答題数 解答時間	配点比率	内　容
院卒者試験	行政 人間科学 工学 数理科学・物理・地球科学 化学・生物・薬学 農業科学・水産 農業農村工学 森林・自然環境	第1次試験	基礎能力試験（多肢選択式）	30題 2時間20分	2/15	公務員として必要な基礎的な能力（知能及び知識）についての筆記試験 知能分野24題 　文章理解⑪、判断・数的推理（資料解釈を含む。）⑯ 知識分野6題 　自然・人文・社会⑥（時事を含む。）
			専門試験（多肢選択式）	40題 3時間30分	3/15	各試験の区分に応じて必要な専門的知識などについての筆記試験（出題分野は別添のとおり）
		第2次試験	専門試験（記述式）	【行政区分】 3題 4時間 【その他の区分】 2題 3時間30分	5/15	各試験の区分に応じて必要な専門的知識などについての筆記試験（出題分野は別添のとおり）
			政策課題討議試験	概ね1時間 30分程度	2/15	課題に対するグループ討議によるプレゼンテーション能力やコミュニケーション力などについての試験（課題に関する資料の中に英文によるものを含む。） 6人1組のグループを基本として実施 レジュメ作成（25分）→個別発表（1人当たり3分）→グループ討議（30分）→討議を踏まえて考えたことを個別発表（1人当たり2分）
			人物試験		3/15	人柄、対人的能力などについての個別面接（参考として性格検査を実施）
	法　務	第1次試験	基礎能力試験（多肢選択式）	30題 2時間20分	2/7	公務員として必要な基礎的な能力（知能及び知識）についての筆記試験 知能分野24題 　文章理解⑧、判断・数的推理（資料解釈を含む。）⑯ 知識分野6題 　自然・人文・社会⑥（時事を含む。）
		第2次試験	政策課題討議試験	概ね1時間 30分程度	2/7	課題に対するグループ討議によるプレゼンテーション能力やコミュニケーション力などについての試験 6人1組のグループを基本として実施 レジュメ作成（20分）→個別発表（1人当たり3分）→グループ討議（30分）→討議を踏まえて考えたことを個別発表（1人当たり2分）
			人物試験		3/7	人柄、対人的能力などについての個別面接（参考として性格検査を実施）

＊（1）教養区分については、第1次試験の合格は基礎能力試験の結果によって決定。総合論文試験は第1次試験合格者を対象として評定した上で、最終合格者の決定に反映。

出典：「新たな採用試験の具体的な内容」人事院ホームページ、2011年4月。

問題を基本とする公務員試験の成績により、幹部候補生が入り口段階で選別される点である。そこに求められる能力は管理職として部下をまとめていく能力ではなく、また市民のニーズを的確に取り入れながら政策を立案していく能力でもない。大学受験と変わらず、基本的に試験で高得点を取るための能力が求められ、暗記型の勉強が得意かどうかで将来の幹部候補生が決定され、この入省時の身分差が、後の職

図表14：採用試験の実施状況

（単位：人）

試験の程度	試験の種類	申込者数	第1次試験合格者数	最終合格者数
大学卒業程度	国家公務員採用Ⅰ種試験	27,567(8,567)	2,864(549)	1,390(274)
	国家公務員採用Ⅱ種試験	46,450(14,265)	7,139(1,664)	4,421(1,146)
	国税専門官採用試験	19,616(6,183)	3,799(1,024)	1,916(570)
	労働基準監督官採用試験	4,175(1,233)	572(117)	213(50)
	法務教官採用試験	2,395(778)	425(42)	224(28)
	航空管制官採用試験	1,609(498)	215(63)	76(30)
	小　計	101,812(31,524)	15,014(3,459)	8,240(2,098)
高校卒業程度	国家公務員採用Ⅲ種試験	19,667(6,354)	2,546(813)	1,579(575)
	皇宮護衛官採用試験	795(237)	103(33)	29(6)
	刑務官採用試験	6,967(1,148)	1,847(430)	990(239)
	入国警備官採用試験	1,597(457)	85(23)	52(15)
	航空保安大学校学生採用試験	549(128)	180(38)	110(33)
	海上保安学校学生採用試験（特別）	7,292(1,308)	1,656(390)	612(167)
	海上保安大学校学生採用試験	625(108)	130(20)	69(11)
	海上保安学校学生採用試験	3,064(498)	597(112)	311(68)
	気象大学校学生採用試験	339(80)	54(9)	42(8)
	小　計	40,895(10,318)	7,198(1,868)	3,794(1,122)
合　計		142,707(41,842)	22,212(5,327)	12,034(3,220)

注：（　）の数字は女性を内数で示す。
出典：人事院ホームページ。

務遂行能力や業績によっても解消できないしくみなのである。果たしてこのような採用のしくみで、本当に適した幹部候補生を採用できるのか、疑問を感じざるを得ない。第2は、昇進のスピードに違いがあるものの、基本的にキャリア・ノンキャリア公務員ともに、新人研修をはじめとする各種の全省的な研修を受けながら昇進していくため、キャリア公務員に管理職としての十分な教育がなされていないのではないか、という点である。開放型任用システムにおいては、MPAプログラム等において資格取得の際に教育がなされており、また閉鎖型任用システムにおいても、フランスのENAやオーストラリアの公務大学校のように、幹部候補生を教育するための専門機関による研修が実施されている。それらと比較すると、特にわが国のキャリア公務員に対しては、教育の機会が少ないのでないかと感じざるを得ない。

第3に、採用後、退職に至るまで、多くの公務員が一つの省の中で職務を遂行することになるという、閉鎖型任用システムの中でも極めて限定的な組織内での行政管理のしくみは、政策形成・人材育成の両側面から問題があるのではないか、という点である。国民の暮らしやすさは一つの政策からではなく、多くの政策間のバランスによる総合的な視点から保障されるものであり、また様々な組織の協調関係のもとに構築されるものであることから、公務員一人ひとりがより多角的な視野を身につけられるような人事管理のしくみが求められることになる。

平成24年度より国家公務員の採用試験が改正されたが、総合職と一般職を入り口の試験で区別するしくみは従来のものを踏襲した形である。このような採用試験制度の抜本的な見直し、キャリア公務員への教育・研修制度の充実、官民間・省庁間の異動を通じた昇任システムの確立が、わが国の公務員制度にとって必須の改革課題であると言える。

また、一般に公務員（特に各省のキャリア公務員）がその業務と関連がある会社に（高い役職で）再就職する、通称"天下り"と呼ばれるしくみも、わが国特有の退職システムであると言える。課長・企画官相当職以上の国家公務員の再就職状況をみると、退職者の約9割は再就職を果たしており、財団法人をはじめとする非営利法人への再就職がその約半数を占めている。

天下りについては従来から批判が繰り返されているものの、一向になくならない現状を勘案すると、極めて閉鎖性の強いわが国の任用システムの中で、官民間の人脈を形成して、重要な役割を果たしていると考えられる。しかし、公平な競争による官民間の人材往来を前提する開放型任用システムと比較すると、極めて弊害の多い制度であり、総務省自身もその改革に取り組み始めているものである[14]。官民間の人脈形成は、公共政策のスムーズな形成・実施においては不可欠なものではあるが、それは天下りのような批判の多い仕組みによりなされるべきものではなく、官民間の中途採用の拡大など、開放型システムを取り入れていく形でなされていく必要がある。その意味でも、極めて閉鎖性の強いわが国の任用システムは、より開かれたものへと転換していく必要があり、採用試験の見直しは、早急に取り組むべき政策課題であると言えよう。

2. 地方公務員

わが国の地方公務員の採用試験は、1次試験として、マークシート方式による択一試験と論文等の記述試験、2次試験として面接等の対面式試験（体力テストや実

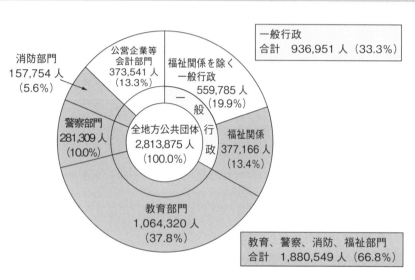

図表15：地方公務員の状況

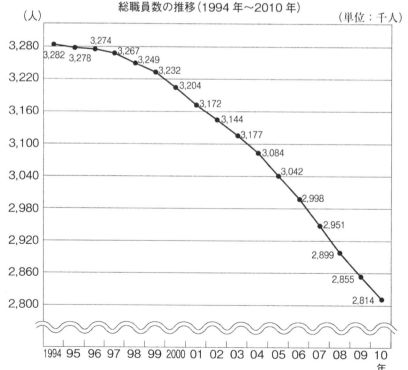

出典：「2010年地方公共団体定員管理調査結果」総務省ホームページ。

技試験を含む）が課される場合が多い。総務省自治行政局により一定の管理がなされるものの、採用試験の具体的な内容や昇進等の人事管理、給与等の待遇、研修等の公務員教育については、各都道府県、区市町村によりばらつきが見られる。遅い昇進システム下での年功、昇進競争が一般的であるが、東京都のように、早くから管理職試験を実施し、幹部公務員を試験の成績により選定している自治体も見られる。

図表 16：地方公務員の採用試験（東京都の例）

	試験（選考）区分	採用予定者数	受験者	合格者	競争倍率
Ⅰ類A	事務	40 名程度	1,454	57	25.5
	土木	42 名程度	275	51	5.4
	建築	13 名程度	170	15	11.3
	機械	7 名程度	86	10	8.6
	電気	7 名程度	105	11	9.5
Ⅰ類B	事務	454 名程度	3,615	580	6.2
	土木	85 名程度	413	166	2.5
	建築	11 名程度	134	20	6.7
	機械	24 名程度	83	29	2.9
	電気	24 名程度	145	34	4.3
	環境検査	18 名程度	242	21	11.5
	林業	5 名程度	71	12	5.9
	造園	1 名程度	15	2	7.5
	心理	5 名程度	201	6	33.5
	福祉A	6 名程度	64	8	8.0
	福祉C	1 名	1	0	―
	衛生監視	14 名程度	90	18	5.0
	薬剤A	10 名程度	66	10	6.6
	薬剤B	3 名程度	45	3	15.0
	獣医	6 名程度	80	9	8.9
Ⅱ類	司書	1 名程度	145	2	72.5
	栄養士	69 名程度	591	70	8.4
Ⅲ類	事務	45 名程度	769	76	10.1
	土木	8 名程度	66	22	3.0
	建築	1 名程度	13	2	6.5
	機械	3 名程度	18	4	4.5
	電気	3 名程度	11	4	2.8
身体障害者採用選考（Ⅲ類）	事務	15 名	77	18	4.3
キャリア活用採用選考	資金運用	3 名程度	30	2	15.0
	財務	6 名程度	111	4	27.8
	システム	12 名程度	323	12	26.9
	不動産	3 名程度	54	5	10.8
	医療事務	2 名程度	42	3	14.0
	土木	35 名程度	213	37	5.8
	建築構造	3 名程度	11	3	3.7
	建築施工	2 名程度	82	2	41.0
	機械設備	6 名程度	56	6	9.3
	電気設備	6 名程度	36	6	6.0
	児童福祉	4 名程度	52	4	13.0
	看護	3 名程度	2	0	―

出典：東京都ホームページ。

早くから主任試験、管理職試験などの昇進試験制度を採用し、学歴や就任年数にとらわれない昇進システムを実践してきた東京都の行政管理システムは、採用試験における成績や学歴をベースとした年功序列型の昇進制度を採用する多くの地方自治体の中では、比較的先進的な取り組み事例であると言える。キャリア公務員の「入り口採用」(国のしくみ)でもなく、「年功昇任方式」(多くの地方自治体)でもない第3の道として実践されてきた都庁の管理職選抜のしくみは、脱学歴、脱学閥の公平な競争システムを取り入れた画期的な昇進システムであったが、それもまた万能ではなく、最近では管理職を希望しない若手職員が増加したことにより、有能な人材を管理職に登用できないという新たな問題が起きている[15]。職員の多くが従来のように出世を望み、管理職ポストにつくことを希望していた時代にはうまく機能した管理職試験のしくみは、本人が管理職試験を受験しない限り、適材であっても管理職に登用できないという問題点を内包しており、この点が、途中選抜方式の新たな課題として浮上している。また、試験内容が従来型のペーパー試験重視のものであることも、本当に管理職に適した人材を選抜できる制度になっているのか、疑問を投げかけざるを得ないものである。次章で詳述するとおり、これからのキャリア公務員に求められる能力は、“リーダーの命令に着実に従い、業務を遂行する能力”ではなく、リーダーと市民“双方の立場に立ち”、本当に行政に必要な政策を選択して組織を動かしていくことができる、“複眼的な思考能力”である。その意味では、国の入り口採用方式、地方の年功昇進方式、東京都の管理職試験方式のどれもが限界を有しており、時代に適した有能なキャリア公務員を養成していく上で、各自治体が創意工夫し、独自の行政管理システムを確立していくことが求められてくるのである。

注)

1) “生活大国”がどのような国家を指すのか、明確な定義は存在していない。例えば野村はその著書において、「“生活大国”とは、国や自治体の責任において、すべての生活を保障するということを意味している。デンマークでは医療費、福祉（介護、在宅や施設のサービスなど）、教育（義務教育はもちろん、高等学校、大学の授業料など）、国民年金の拠出は基本的に無料（国民の負担はなし）で、充実した社会保障や福祉サービスを享受できるということは“暮らしやすさ”を端的に物語っているといえよう」と述べ（野村武夫『「生活大国」デンマークの福祉政策：ウェルビーイングが育つ条件』ミネルヴァ書房、2010年、21頁より引用）、本書で用いる福祉国家と同様の意味で生活大国という用語を用いている。本書ではそのような狭義の意味ではなく、サービスの提供主体が公的セクターか

民間セクターかにこだわらず、自らの国力と政治文化に合った手法により、できる限りの水準の"暮らしやすさ"を実現することのできる国家という、より広い意味で"生活大国"という用語を用いている。

2) フレデリック・テーラー（Frederick Taylor）が提唱した科学的管理法（Scientific Management）は、最小の労働と費用によって最大の生産効果と利潤を上げることを目的として創設された最古の組織管理法である。労働行程を極度に細分化し、それを計画的に配置し、管理統制することで、組織構成員の共同化を実現し、組織目的の最大化を図ることが可能にした工場管理手法は、やがて企業の管理組織に普及し、フォードシステムやテーラーシステムと呼ばれるものになる。

3) 地方自治が強い分権型の行政システムがアングロサクソン諸国に多く採用されており、中央政府の権限が強い集権型の行政システムがヨーロッパ大陸諸国では多く採用されている。わが国の行政制度は中央集権の強いヨーロッパ型に分類されるが、地方政治のしくみはアングロサクソン型となっており、混合的な要素を多く含む制度となっている。英米独仏日の国際比較の例としては、（財）日本 ILO 協会編『欧米の公務員制度と日本の公務員制度——公務労働の現状と未来』2003 年や、野村総合研究所『公務員数の国際比較に関する調査報告書』2005 年等が、その代表的なものとして挙げられる。

4) 国の政策を直接政治家が行わず、有能な官僚（公務員）を介して行うしくみである。官僚は現場を知り尽くしており、専門的な見地から政策を実行することができるが、民主的に選ばれていない官僚が政治を握るのはおかしいという批判がある。

5) カナダ、フィンランド、フランス、ニュージーランド、日本では国・地方を合わせた全公務員数が減少しているが、ドイツ、スペイン、米国では、連邦（中央）公務員は減少したものの、州や地方政府の公務員が増えたことにより、公務員の総数は増加となっており、更にオーストラリア、オランダ、韓国では連邦（中央）公務員の数も増加している（小池治「政府部門の近代化と公務員管理——カナダを中心とした国際比較から見た日本の課題——」内閣府経済社会総合研究所、2007 年、8 頁より引用）。

6) "行政の特異性"については、古くから諸方面において指摘されているが、国民から集めた税金を使って公共政策を形成・実施するという、いわば"他人の金で他人のために働く"という行動原理が、"自分の金で自分のために働く"民間企業と異なり、公務員組織のあり方をより複雑にしている。民間企業ではすぐに実行できることが行政組織では長い年月をかけても行うことができない、ということは行政の世界ではよくある事象である。民間企業と行政組織の違いは下表の通りである。

	民間企業	行政組織
行動原理	自分の資金を用いて、自分の会社および社員のために働く	国民から集めた税金を使って、国民みなのために働く
規模	大企業から中小企業まで様々	概して会社組織より大きい
組織目的	会社の"利益・利潤"の極大化	"公共の福祉（国民みなの幸せ）"の極大化
業務内容	ある特定の政策領域に限定的な場合が多い	1 つの組織の中で、多種多様な政策領域を担当する
成果の尺度	利潤、売り上げ、業績など、比較的数値で計測しやすいものが多い	"国民の幸せの度合い"を測る統一的・客観的な尺度はない。
活動資源	自己活動から得た利益が原資	国民の納付した税金が原資
競争条件	常に競争が存在し、競争に負けた場合には倒産することも多い。	地域独占的で競争が存在せず、倒産するリスクも極めて少ない
活動の柔軟性	活動は柔軟性に富み、法律の範囲内で、会社自身が比較的自由に活動し、社内規則を作成する	活動は柔軟性に欠け、組織活動を規律する事細かい法律・規則が存在する
戦略の決定	会社自身で行う（重役会議、株主総会等を通じて行う場合が多い）	国民が選挙で選んだ政治家の決定に従う
顧客の範囲	商品サービスの購入者	国民全体

(著者作成)

7) RAS は内閣府の契約により試験を実施している民間組織である。

8) ENA のしくみについては、第 8 章で詳述する。

9) MPA プログラムについては、第 7 章および第 8 章において詳述する。

10) 公務大学校 (The Australian and New Zealand School of Government (ANZSOG)) は、公的機関の幹部候補生の教育のために、豪州 (中央及び 4 州政府)・NZ 政府及び 12 大学・ビジネススクールが共同で 2002 年に設立したものである。行政修士プログラムと行政幹部プログラムの 2 コースを有している。尚、オーストラリアでは更に上の上級管理職(SES)については別途公募制で採用している。

11) 国と民間企業との間の人事交流に関する法律 (通称官民交流法) は、日本において行政運営における重要な役割を担うことが期待される職員について交流派遣を実施し、民間企業の実務を経験することにより、効率的かつ機動的な業務遂行の手法を体得することを目的とする法律である。また、民間企業における実務の経験を通じて効率的かつ機動的な業務遂行の手法を体得している者について交流採用をし、行政の職務に従事することを通じて、行政運営の活性化を図ることも実施している。平成 11 (1999) 年 3 月に成立し、平成 18 (2006) 年に改正された。平成 17 (2005) 年 12 月末時点において民間企業に派遣された国家公務員は計 40 人であり、民間企業より国に採用された民間企業社員は計 179 人とされる。

12) キャリア組とノンキャリア組の昇進パターンを入り口選択方式により明確にわけていることを指す。ノンキャリア組の優秀な人材を昇進させることができない、キャリア組が特権意識を持つ等の問題点が指摘されているが、キャリア組に責任感と出世欲を持たせることができる等のメリットもあるとされる。

13) 一般に、広く浅く様々な分野に精通し、"様々な特定分野に精通した専門家"を適材適所で活用し協働させる能力を持った人を指す。本庁と出先を行き来することで様々な政策分野において現場の実情や市民のニーズを把握できる人材が育つとされている。

14) 総務省が実施する退職管理の適正化のための方策として、国家公務員法に基づき、管理職職員の再就職情報の通知・届け出の受理、内閣への報告・公表の実施といった再就職情報の内閣での一元管理等を実施し、退職官吏の適正化を推進している。また公務において職員が培ってきた高度の専門的な知識や経験を活用するとともに、在職機関の長期化に対応する観点からの専門スタッフ職制度の活用の推進など、職員が定年まで勤務できる環境の整備に取り組んでいる。

15) 佐々木信夫『都知事』岩波新書、2010 年。

第Ⅲ部

理想の国を求めて
―各国の事情―

第**7**章

米国
―限りなき自由競争社会の追求―

　"男女共同参画は企業から"、"キリスト教精神に支えられた福祉補てん"、スタートラインの平等を保障するために、限りなき自由主義を追求する米国だが、多くの優秀な人材を生み出し、それが世界を牽引する原動力となっている。ソーシャルワーカーの地位も、わが国とは異なりしっかり確立されている。

　公平な競争の結果生まれる格差は自己責任であるとされ、各種の福祉サービスには消極的だが、スタートラインの公平性確保という視点から、ソーシャルワーカーの地位は確立されている。開放型任用制度にもとづく転職社会、資格社会であり、基本的には業績主義と透明な競争社会が実現されている。

　米国では日本でいう「国民健康保険」にあたるものがなく、公的な医療保険を利用できるのは 65 歳以上の高齢者及び重度の障害者と低所得者のみ。医療費は莫大な場合も多いので民間の医療保障プラン（従来型と管理医療型）も必要とされるが、病気も医療も自己責任、政府の役割をできる限り限定的なものに抑える思想は、ある意味シンプルで分かりやすいものである。

1. 行政大学院のしくみ

　米国における行政大学院は、大学の学部卒の学生のみならず、社会人も対象としており、特に民間企業等で働きながら、転職先として行政機関の幹部公務員をめざす人々が、大学院レベルの知識を身につけ、MPA（Master of Public Administration: 行政学修士号）を資格として取得するためのものである。これは、閉鎖的任用システムを採用し、若手を採用して行政組織内で、研修等を通じて幹部公務員を養成していくわが国と対照的なものであり、開放的任用システムを採用している米国らし

い仕組みであると言えよう。行政に限らず、あらゆる分野で転職のためには資格が必要とされるため、幅広いが年齢層や専門を持つ社会人が、大学院に通い資格取得をめざす。

　行政大学院・公共政策大学院との連携により、キャリア公務員を養成している米国の開放型任用システムは、若手を採用し、組織の中で研修や昇進試験などを通じてキャリア公務員を養成していくわが国の制度とは大きく異なるものである。連邦、地方レベルともに、行政大学院の資格（MPA: Master of Public Administration）等を有する人材を対象にキャリア公務員の採用試験が行われるところが多く、率先力として幹部公務員が採用されるしくみとなっている。例えば、ここで扱うカリフォルニア州立大学イースト・ベイ校（California State University, East Bay）における行政大学院修士プログラムは、日本企業も多数進出しているカリフォルニア州のうち、特にサンフランシスコを始めとするベイエリア（Bay Area）にある諸行政機関に、多数のキャリア公務員を送り出している[1]。そのプログラムは４つのコースに分かれている[2]ことから、多方面の行政機関で活躍する優秀な人材を養成していることがわかる。

　MPA プログラムの卒業候補生は、大学院レベルの授業を履修する前に PUAD 4800（Public Administration and Society、アメリカ行政学の基礎的なことを学ぶ学部４年生レベルの授業）と PUAD 4830（Organization Theory and Human Behavior、行政管理論の基礎的なことを学ぶ学部４年生レベルの授業）を履修し、統計の基礎的知識を身につけていることが求められる他は、年齢、出身学部や勤務先等の諸条件は問われないため、民間企業に勤務する幅広い年齢層の人材がプログラムを受講している。学部を卒業してそのまま系統の大学院に進学するわが国の大学院プログラムとはずいぶん異なる様相を呈しているのである。クオーター制（１年を４学期に分ける制度）を採用しており、48 単位以上が学位取得要件となる（１クラス４単位。１回３時間の授業を週１回、または１回 90 分の授業を週２回受講し、約２ヵ月半で１つの授業が終了する）。

　プログラムでは最初に、基礎的なコースで 24 単位を取得することが求められる（Core Course: 24 Units）が、ここでは公共政策や行政組織の基礎的な知識を身につけるとともに、情報管理や統計処理の手法など、技術的な管理手法も学ぶことになる。管理職として組織内で人を管理していく手法や組織改革の手法を取得すると同時に、公共政策を形成・実施していく上での基礎的な分析手法や調査方法を学ぶことになるのである。以下の６つの授業がすべて必修として課されてくる。

①政策形成・政策実施（**PUAD6805: Public Policy Formulation and Implementation**）

　公共政策の形成から実施、評価（そして次の政策形成につなげていく）に至る一連のプロセスを分析していく手法を学ぶ講座である。特に政策形成過程において市民参加をどのように実現していくのかを考えるとともに、市民のニーズを“実現可能な公共政策”として、責任ある形にしていく上で、キャリア公務員が果たす役割を明確化していくことに重点が置かれている。

②行政管理論（**PUAD 6811:Human Organization and Social Realities**）

　組織を1つの明確な形で理解し、規則やルールで厳格に運営していく古い考え方を捨て、組織をいくつもの視点から理解し、柔軟な方法で管理・経営していく新しい考え方を取得していく。過去から現在に至るさまざまな組織管理手法を歴史的系譜に従い整理し、それらの発展の歴史の中で、どのように行政組織が変わってきたかを重点的に学んでいく。

③組織改革の手法（**PUAD 6812　Changing Human Organizations**）

　PUAD 6811 で学んだ組織管理手法を用いて組織を変革していく方法を、具体的な組織改革の事例を検討することで、実践的なものとして使いこなす技術を取得していく。

④データ解析の手法（**PUAD 6828:Quantitative Analysis in the Public Sector**）

　公共政策の形成・実施の際に必要となる、コンピューターによるデータ解析の手法を学ぶ。量的データ、質的データともに的確に分析し、それらを組織管理や政策形成に着実に反映させていけるキャリア公務員を養成する。

⑤情報管理（**PUAD 6830:Information Management in Public Organization**）

　市民の諸情報を的確に管理していくさまざまな手法を学ぶ。それら情報処理手法を用いて、政策の形成、実施、評価、組織改革、予算編成、情報管理、市民へのサービス提供等が的確に行える知識と実践力を身につける。

⑥調査手法（**PUAD 6832:Research Methods in the Public Sector**）

　行政が手がける諸政策領域を調査し、その結果を的確に政策に反映させていく能

力を身につける。大量のデータ収集手法、質的データと量的データの分析手法など
を、具体的な調査手法との関連で学んでいく。

　ここまでの6つのコースを履修することにより、さまざまな領域で学び、働いて
いる卒業候補生が、"行政組織のキャリア公務員"として仕事をするための、基礎的
な知識や技術を身につけていくことになる。年齢層も幅広く、それぞれのキャリア
も異なる人々がセミナー形式の参加型授業で議論を交わしていく中で、キャリア公
務員というひとつの共通の仕事をしていくために必要な多くのことを学んでいくの
である。
　先の基礎的なコース24単位を取得し終わると、4つのコースの中から1つを選
択し、20単位を取得することになる（Option Course:20 Units）。選択したコースに
設置された科目を12単位以上、それ以外のコースに設置された科目を8単位以上
取得することが資格取得要件となる。特にオプション1（政策形成コース）とオプ
ション2（行政管理コース）の2つは卒業後の汎用性が広く、選択する人数も多いた
め、これら2つのコースについては、以下に詳細に検討していくこととする。

(1)政策形成コース（**Option 1: Public Policy Development:20 Units**）
　このオプションは、公共政策の形成・実施過程に重点を置き、それに深く関わる
ための知識や技法を取得するために設置されている。行政機関から住民に向けて提
供される"公共サービス"の形成・実施過程を主眼とするオプションであり、理想的
な公共政策を作り出していく過程の中で、キャリア公務員に求められる諸能力を身
につけることが狙いとなる。

①将来予測の手法（**PUAD 6806:Policy Development for Alternative Futures**）
　現在の社会の状況から将来起こりうる社会問題を予測し、それに行政がどのよう
に対応していくべきかを考える能力を身につけていく。将来の労働環境、情報化社
会、公共政策の形成・実施における国際化、公私の関係など、特定のトピックスを
取り上げ、それに対して起こりうる未来を予測し、判断、解決していくトレーニン
グを行う。

②政策分析（**PUAD 6807:Analysis of Social Policy**）
　環境政策、教育政策、労働政策など、それぞれの公共政策について、米国のみな

らず国際比較も踏まえながら、どのように分析し、評価していくべきかを学ぶ。公共政策の背景となる政治文化や社会の仕組みについても、各国の比較検討を行いながら考察する。

③政策評価（**PUAD 6809:Public Program Evaluation**）

公共政策が形成され実施されていく過程で、市民の生活がどのように変化したかを正しく評価していく手法を学ぶ。意識調査や満足度調査の分析手法も交えながら、公共政策の評価過程を、きちんと次の政策形成にフィードバックしていける能力を身につけ、その過程におけるキャリア公務員としての役割についても考えていく。

④科学技術と情報化（**PUAD 6810:Science, Technology, and Public Policy**）

公共政策の形成・実施過程における、科学技術やテクノロジー、情報化等の社会変化がもたらす影響を学んでいく。同時に、公共政策の分析に必要な科学技術や専門知識を取得し、具体的な政策のアウトプット比較やアセスメントを実施する。

⑤比較政策学（**PUAD 6870:Comparative Public Policy and Administration**）

公共政策の比較を行う手法を学ぶ。各国の公共政策を比較検討する国際比較をはじめ、合衆国内の州間比較、あるいは同一州における自治体間比較等を行い、地域の実情に適した公共政策を形成・実施していく能力を身につける。

（2）行政管理コース（**Option 2: Public Management:20 Units**）

このオプションは、"組織の管理職"として、構成員を管理し、組織の生産性を向上させていくための能力を取得することを目的としている。先のオプション1が、行政組織のアウトプットとしての公共政策に焦点を置くのに対し、このオプションは、いかに行政組織内の公務員を管理し、組織を運営していくのか、という視点から、キャリア公務員に必要とされる諸能力を身につけていく。

①財政管理（**PUAD 6840:Policy Finance Administration**）

公共政策を、財政の側面から分析し、管理・評価していく能力を身につける。特定の目的を達成するための諸財政戦略を学び、限られた予算の中で、最大の効果をあげていくためにどのような財政政策が可能か、キャリア公務員は財政管理の中でいかなる役割を果たすべきか等、いくつもの財政に関わる重要事項を考えていく。

②予算管理（**PUAD 6842:Governmental Budgeting**）

　連邦、州、地方自治体それぞれが、さまざまな予算規模を有しており、その形成、管理手法も異なるため、それらを比較検討しながら、一連の行政組織の予算管理手法を学んでいく。キャリア公務員は公共政策のアウトプットに関わると同時に、組織の運営上も予算管理に関わるため、その両方の知識や技法を取得していく必要がある。ここではそれらを総合的に身につけるトレーニングを行う。

③人事管理（**PUAD 6850:Human Resource Management in the Public Sector**）

　行政組織は民間企業とは異なる任用、昇進、人材評価の仕組みを有しているため、公務員の人材管理は、それ特有の能力が求められることになる。各国の行政組織の人材管理手法の比較検討なども含めながら、特に“行政組織の人材管理”に必要とされる能力や技術を身につけていく。これは、民間企業等で勤務してきた人材を、行政組織のキャリア公務員として、率先力となるよう訓練していくための講座である。

④労働環境分析（**PUAD 6851:Public Service and the Quality of Working Life**）

　諸行政組織の労働環境と、そこで働く公務員の勤務態度や仕事に対する満足度との関係を分析・評価する能力を身につける。古いタイプの管理手法では、厳格な規律と構成員のきちんとした役割分担が重視されたが、新しい手法として、より柔軟に労働環境を整備した方が、構成員の能力や満足度を高めることにつながることも立証されている。行政組織という特有の職場環境の中で、公務員の能力やアウトプットとしての公共政策の量的・質的側面を高めていくために、キャリア公務員が果たすべき役割を考え、それを実践していく能力を身につけていく。

⑤都市行政（**PUAD 6865:Administration of the Urban Region**）

　都市が巨大化することを是とした時代は終わり、現在はそれぞれの都市の環境や住民の生活を考慮し、都市をコンパクトにまとめていくという“成長管理”の考え方が主流となっている。キャリア公務員は当然、自分の勤務する都市の成長管理を担う立場にあるため、都市機能を多角的に捉え、成長を理想的な水準に管理していく能力を身につける必要がある。諸都市の成長管理手法を学ぶと同時に、都市機能の測定の仕方や問題解決手法などの技術的な能力も取得していく。

　更に、医療・保険関係の行政組織に勤務するために必要な能力を取得するオプション3と、特に組織改革のために人材登用を図る場合に必要な能力を取得するオ

プション4が用意されているので、簡単に紹介しておく。

(3)医療・保険コース(**Option 3: Health Care Administration:20 Units**)

　① 医療分野の政策過程(PUAD 6872:Health Issues and the Public Policy Process)

　② 健康医療政策の全容(PUAD 6875:Social Construction of Health Care)

　③ 医療分野の財政管理政策(PUAD 6876:Health Care Finance)

　④ 医療分野のシステム改革(PUAD 6878:Transforming Health Care System)

(4)組織改革コース(**Option 4: Organizational Change:20 Units**)

　① 組織における団体行動プロセス(PUAD 6762:Group Procedures and Facilitation)

　② 組織改革(PUAD 6763:Advanced Group Process for Organizational Change)

　③ 組織改革の手法開発(PUAD6764:Intervention Strategies for Organization)

　④ 組織診断と評価手法(PUAD 6765:Organizational Diagnosis and Assessment)

　⑤ 公的セクターにおける労使関係(PUAD 6854:Public Labor Relations)

　また、どのコースにも属さない独立の科目として下記のものがあり、すべての
コースの受講生が履修することが可能である。

　① 土地利用政策(PUAD 6868:Land-Use Planning for Administration)

　② 公共問題の解決手法(PUAD 6880:Selected Problems in Public Administration)

　③ インターンシップ(PUAD 6893:Internship in Public Administration)

　④ 共同研究(PUAD 6898:Cooperative Education)

　最後に卒業候補生は、PUAD 6901:Graduate Synthesis を履修し、資格取得の
ための最終試験(Comprehensive Exam)を受けるか、修士論文(University Thesis
or Department Thesis)を作成するかのいずれかを選択することになる(Exit
Requirement:4 Units)。Synthesis の具体的なプログラム内容は次章で検討するが、
これらの全プログラムを修了した者には MPA(Master of Public Administration: 行政
学修士号)が与えられ、キャリア公務員としての実践力を有するものとして、各種
の行政機関に、即戦力として採用されていくのである。

第**8**章

フランス
―世界一住みやすい国の実現―

　5年連続で世界一住みやすい国とされるフランスは、豊かな食糧自給率と移民・外国人労働者に支えられ、週35時間労働制を実現する生活大国である。所得格差の是正は政府支出によりなされるレベルの高い福祉国家であるが、男女・階級格差は依然として残る、古い体質を持つ社会でもある。教育は一部のエリートを早くから選抜して徹底的に教育するとともに、その他の国民には平等主義に近い、行き届いた義務教育を提供する。国土面積は日本の約1.5倍、気候は大西洋岸気候、大陸性気候、地中海性気候の3タイプにわかれ、総人口は5900万人、GDP世界第5位の経済大国でもある。

　政治は共和制を採用し、強い大統領制で有名である。大統領は投票者総数の過半数で国民より直接選ばれ、任期は7年、司法をも超越する強い権限を持つ。欧州は車社会であり、各国とも地続きな上、高速道路も整備されていることから、パリはメトロで十分だが、一歩パリを離れると車は必須であるとされる。

1. キャリア公務員養成機関―ENAにおける研修

　フランス国立行政大学院（ENA＝Ecolenationaled' administration）は、フランスのグランゼコール[3] の一つであり、シャルル・ドゥ・ゴール将軍により1945年に設立された、キャリア公務員養成学校である。フランスのエリート行政官養成学校として有名であり、ヴァレリー・ジスカール・デスタン元フランス大統領、ジャック・シラク元首相、アラン・ジュペ元首相、リオネル・ジョスパン元首相、パスカル・ラミー元欧州委員など、多数の著名な政治家・行政官を輩出している。わが国と同じ閉鎖型任用システムを採用するフランスであるが、キャリア公務員の養成のしく

みにはかなりの差異があり、フランスにはその重要な役割を担うものとして、キャリア公務員養成校としてのグランゼコールが多数存在している。そこを卒業した者達は成績順に、各種の行政機関のキャリア公務員として採用されていくことになる。

時澤[4]によれば、ENAの入学試験はわが国の国家Ⅰ種試験に当たる難易度であり、それに合格すると、学生は在学中から公務員としての給与を支給され、卒業後はキャリア公務員として、中央官庁の管理職や県の副知事に任命されることになる。ここでの教育内容は実践力を身につけるためのものであり、政策形成能力、管理能力を重視したものとなっている。米国のMPAプログラムには、様々なバックグラウンドを有する社会人が参加しており、修士号取得のために多くの難しい課題をこなしていくことが求められるのに対し、フランスのENAは、むしろ入り口の入学試験が難しく、それに合格すればキャリア公務員としての生涯を保障されるという点は両者の大きな違いである。ENA入学後、卒業候補生は2年間の研修を受けることになるが、その内容は、最初の1年は実習（行政機関で6ヶ月、企業で6ヶ月）、残りの1年は授業となっており、それが終了すると卒業生はいきなり、各行政機関にキャリア公務員として輩出されていくのである[5]。

幹部候補生を早い段階で養成し、実践力として送り出すENAのしくみは、米国の行政大学院とわが国の研修制度との中間に位置するものであるが、実践力、管理能力を重視した教育プログラムの内容にはMPAプログラムとの類似点も多く見られることから、開放型・閉鎖型を問わず、求められる理想の公務員像は、多くの国に共通のものであると言えるかもしれない（図表17）。

"ENAへの入学"イコール"キャリア公務員としての生涯"を約束されるENAのしくみではあるが、その"卒業成績"により就職先が決定されることから、人気の高い行政機関に就職するためには、上位の成績で卒業することが求められる。実際の就職先は、各行政機関から示されたポストの中から卒業成績の上位の者から順に選んでいくしくみとなっているため、卒業候補生にとって卒業成績は極めて重要な意味を有しており、ENAの成績評価に関しては、配点やテストの方法に様々な工夫がこらされている[6]。実践的なキャリア公務員養成手法として、米国のMPAプログラムとともに、学ぶべき点が多いしくみであると言える。

図表 17：ENA の入学試験内容

1 次試験
1.　公法論文又は経済論文（選択） 　　（試験時間：4 時間、得点比重 3）
2.　1 で公法論文を選択した者：法律的文章編集 　　1 で経済論文を選択した者：数的処理及び経済分析 　　（試験時間：5 時間、得点比重 3）
3.　1 で選択していない論文 　　（試験時間：4 時間、得点比重 4）
4.　18 世紀から現代までの世界における政治、経済、社会的な動向に関する論文 　　（試験時間：5 時間、得点比重 4）
5.　公共財政、金融、社会問題、国際問題のいずれか 1 つについての論文 　　（試験時間：4 時間、得点比重 4）
6.　商法、民法、人文地理、現代史、政治行政学、社会学、企業会計、人口統計学、数学、統計学のいずれかひとつについての任意論文（受験は義務的ではないが、平均点以上の得点をすれば成績に加算される） 　　（試験時間：4 時間、得点比重 2）
2 次試験
1.　1 次試験の問 5 で選択しなかった問題のうち、2 つについて口頭試験 　　（試験時間：30 分、それぞれについて得点比重 3）
2.　外国語口頭試験 　　（試験時間：30 分、得点比重 3）
3.　志望理由等についての個人面接 　　（試験時間：45 分、得点比重 5）
4.　スポーツ試験 　　（得点比重 1）
5.　コンピューター操作についての任意口頭試験 　　（試験時間：20 分、得点比重 1） 　内部試験については、外国語の口頭試験のかわりに筆記試験が当てられている。それ以外は外部試験と同じ内容である。

出典：山梨学院大学行政研究センター編『政策課題と研修』第一法規出版、1992 年。

第9章

オーストラリア
―市民主導型プロセスの構築―

　オーストラリアは、国土は日本の21倍、気候は場所により大きく異なり、それぞれの行政区が強い自治権を持つことから、8つの独立国が集まっているイメージの連邦制国家である。多民族社会であり、植民地から多文化主義へと変化してきた。日本の21倍の国土に、東京都の人口より700万余を上回る人間しか住んでおらず、地下資源は豊富ながらも、多くの土地が砂漠で未開発地域となっている。立憲君主制から共和制へと移行し、人口の少なさが人権尊重を促進している。日本企業の多くは撤退し、現在では米国に依存した貿易を行っている。

　"生活大国"はそれ自体が多義的な概念であり、その実現には、各国の歴史的背景、気候や天然資源の有無、人口・国土面積・少子高齢化の状況等を内包する社会構

造、人々の行政に対する考え方の背景となる政治文化など、多くの要素が複雑に関係してくるため、安易な比較検討や制度の直輸入は避けるべきであろうが、"市民本位の行政"を実現しているとして、世界一住みやすい都市とされるメルボルン市や、93%の住民がその行政サービスに満足しているとされるブリスベン市を内包するオーストラリアは、生活大国の実例として考察に値すると評価される。

1. 連邦制国家のしくみ

　オーストラリアは1つの大陸全体を国土としており、その面積は約769万平方キロメートルに及ぶ。これはアラスカを除いたアメリカ合衆国とほぼ同じ大きさであり、ロシア、カナダ、中国、米国、ブラジルについで世界第6位である。人口はほぼ2,000万人で、日本の6分の1に過ぎない。また西部大地と中央低地の大部分は乾燥地帯であるため人口は一部の地域に集中しており、大陸の沿岸部、特に南東部に占める割合が大きく、6つの州及び2つの特別地域（北部特別地域、首都特別地域）の州都地域に65%以上が居住している。

　1770年、英国人探検家ジェームズ・クックが大陸南東部に到着してイギリス領とすることを宣言した。その後、1788年1月にイギリスの犯罪者流刑植民地としてシドニー湾に植民が始まり、1803年のタスマニアから1859年のクィーンズランドに至るまで50年以上かけて現在の6州の基礎となる6つの植民地（居留地）が設置された。イギリスの犯罪者の移送は1868年まで続いた。これらの6つの植民地はそれぞれイギリスから自治権を与えられていたが、1900年7月、英国でオーストラリア連邦結成法が成立し、1901年、6州からなるオーストラリア連邦が正式に発足した。

　連邦議会は同年11月に「移民制限法」を制定し、この法に基づいた制限的な移民政策は「白豪主義」と呼ばれた。しかし、第2次世界大戦後、アジア太平洋地域における英国の影響力の衰退や豪英間の貿易の縮小に伴い、オーストラリアは次第にアメリカや日本などのアジア太平洋諸国との関係を強化する外交政策をとり始めた。第2次世界大戦後は南欧・東欧や中東地域からの移民を、1970年代以降、特にベトナム戦争後はアジア人移民を多く受け入れるようになり、1973年に白豪主義政策を撤廃した。

　こうして、200近くの国々から500万人近い移民を受け入れ、他民族・他文化国家が形成されていった。またこの移民政策と戦後のベビーブーム等により、人口は

1974 年から 1988 年にかけて倍増し、1600 万人に達した。オーストラリアの現人口 2,000 万人強のうち 24% が海外生まれの移民であり、その 2 世を含めると約 51% に達する。そして、この半数は英語以外の言語を母国語とする人々である[7]。

　連邦政府、州政府、地方自治体の 3 層制を採用するオーストラリアにおいては、州政府がわが国の都道府県よりもはるかに強い権限を有しており、実質的な政治行政の中心的役割を果たしている。米国、カナダ、オーストラリア等の連邦制国家においては、州ごとに憲法をはじめとする各法律が異なるため、政治や行財政の仕組みもバラエティーに富んだものとなる。例えば連邦議会、州議会の選挙・投票制度を比較してみると、単一主権国家であるわが国との違いを再認識でき、また連邦政府 - 州政府 - 地方自治体間の権限・機能分担を検討してみると、いかに州政府の果たす役割が大きいかが明確化されてくる（図表 18）。

図表 18：連邦政府、州政府、自治体の権限・機能分担

連邦政府の専属的権限	関税・消費税、軍隊、貨幣鋳造等
連邦政府と州政府の共感的権限（競合したときは連邦政府の権限が優先する）	関税・消費税以外の税、対外関係、社会福祉、年金、郵便制度、度量衡制度、鉄道、銀行運営、保険運営、州際労使関係、著作権制度等
その他の州政府の権限	刑事法、警察、拘置所、民事法、学校教育、病院、土地利用、地域開発、州内商業活動支援の規制、農業、工業、雇用、労使関係、道路、環境、上下水道、ガス・電気の供給、地方行政等。森林火災対策（NSW 州のみ 2001 年 7 月から）
地方自治体が行う行政分野	地方道路、ゴミ収集、環境衛生、建築規制、幼児保育、森林火災対策、公園整備、図書館、文化センター等

出典：（財）自治体国際化協会『オーストラリア州政府の公務員制度』2003 年、1 頁。

●国、都道府県、市町村の権限・機能分担

国	外交・防衛・金融、日本全体の産業振興・国土開発・環境保護・医療福祉等
都道府県	広域医療・福祉、広域水道・下水道、幹線道路、都市公園、住宅、災害対策事業、警察、高等教育・養護学校運営、農林漁業振興、中小企業支援等
市町村	戸籍・住民基本台帳の管理、市町村道、住宅、医療福祉、ゴミ回収、下水道、公園整備、小中学校の建設・運営、消防・救急等

※但しわが国においては、政府間の役割分担が明確化されていないため、多くの仕事は国・地方自治体ともに取り組む形となっている。更に市町村は基礎的な自治体、都道府県は市町村を含んだ広域的な自治体となり、2 重の構造で地域の行政を分担しあっているため、その間に明確な境界線を引くのは難しいとされている。

（著者作成）

わが国と同様、オーストラリアにおいても、1990年代から地方分権改革が進行しており、1993年から1995年にかけて、NSW州、北部特別地域、TAS州、QLD州、WA州が相次いで地方自治法の抜本改正を実施している。改正の結果、サービス行政分野を中心に、地方自治体に包括的権限をかなり広く認める内容となった。また自治体合併も積極的に行われているが、わが国と異なり、自治体による自発的な合併が実施された州と、州政府主導でほぼ強制的に実施された州とに大別される。

2．政策評価の事例

シドニー、メルボルンに次ぐオーストラリア第3の都市ブリスベン市（Brisbane）は、前記2都市の行政区域が複雑に分割されているため、オーストラリアで最大の人口（2009年現在1,052458人）をかかえる地方自治体である[8]。オーストラリア6州の中で最も天然資源に恵まれ、分権化が進んでいるとされるクィーンズランド（QLD）州の州都であり、わが国の政令指定都市と類似する人口規模の都市となっている。ブリスベン市はかつてそれほど有名ではなかったが、1991年に初当選以来、そのリーダーシップによりブリスベン市を最も住みやすい国際都市の一つに大転換させたスーリー市長の功績もあり、現在では93％の市民が行政サービスに満足しているという、市民本位の行政を実現している都市であるとされている[9]。現在移民の急増を受け、都市行政サービスとして、市が移住者や難民に対して積極的な支援プログラムを実施している点が特徴である。

地方自治体は一般にカウンシル（Council）と呼ばれ、都市部の地方自治体ではシティ・カウンシル（City Council）、農村部の地方自治体ではシャイア・カウンシル（Shire Council）の呼称が使われることが多い。地方自治体の事務は"3つのR―道路（Road）資産税（Rate）、ゴミ処理（Rubbish）"に例えられてきたが、近年の地方分権改革により、地方自治体の権限が拡大したことにより、多様な施策を実施するようになった。

先述の通り、連邦制国家であるオーストラリアでは州政府の権限が強大であるため、わが国の政令指定都市と比較して地方自治体が果たす機能は限定的ではあるが、市民に最も身近な政府としての役割は両国に共通しており、特に"Customer Focus（市民本位の行政）"と"City Governance（都市ガバナンス）"の2視点から毎年厳しい行政評価が行われる点は、わが国の地方自治体も見習いたいところである（図表19）。

図表19：行政評価の実例（2010 年度〜 2011 年度評価の状況）

● Customer Focus（市民本位の行政）

我々は、すべての市役所職員が、顧客である市民に対して責任を持ち、親切で快適な行政サービスを推進していくための諸政策を実施していく

1. 約束事項	達成状況
2012 年までに市役所の住民ニーズ把握状況について、75% の市民が満足する	進行中
2012 年までに 54% の市民が、市民参加の状況について "良い" "大変良い" と評価する	達成済み
2012 年までに 75% の市民が、市政の報告状況について "良い" "大変良い" と評価する	達成済み
2012 年までに 60% の市民が、市民主導の政策づくり施策について認識する	努力が必要
2. サービス提供	
"ブリスベン顧客憲章" に掲げられた標準サービスと合致する	達成済み
市が提供するサービスについて、市民・企業から高い水準の満足度を得る	達成済み
市民・企業主導の政策づくりを実現することで、市民に焦点を当てたサービス提供を促進する	進行中
3. 民間部門との協働	
オンラインサービスのような個人に焦点を当てた、より便利なサービス提供をめざす	努力が必要

● City Governance（都市ガバナンス）

我々はブリスベン市役所が、責任ある、よく管理された、透明性の高い地方政府となるための諸政策を実施していく

1. 市民参加のサポート	達成状況
ブリスベン市役所が、より効率的で透明性の高い政府となるよう努力する	達成済み
コミュニティに広く開かれた政策を実施する	達成済み
2. 地域の諸活動	
『ブリスベン市経済開発計画』に掲げられた政策を着実に実施する	達成済み
地方行政をよりよく推進していくために他の政府機関や企業と協力する	達成済み
3. 財政管理	
財政的に健全た状況を維持する	達成済み
4. 費用対効果	
費用対効果を常に考え、効果を維持しながらコスト削減に取り組む	達成済み
費用対効果を勘案しながら、より高い住民満足度を得られるよう、努力する	達成済み
5. 危機管理	
有効な危機管理政策を提供する	達成済み
効率的かつ効果的なサービス提供を行う	達成済み
6. 政府活動	
『ブリスベン都市計画 2026』に示されたビジョンに沿った政策づくりを行う	達成済み

7. 将来を見据えた効率的な組織編成	
2012年までに、市が将来を見据えた政策を実施していると考える市民の割合を増やす	達成済み
『ブリスベン都市計画2026』に示された諸政策に貢献できる公務員を増やす	努力が必要
市民ニーズに合致した政策をより効率的かつ効果的に推進できる組織をサポートする	達成済み
市のコミュニティ政策に対する市民の認識を高める	達成済み
現在および将来的なコミュニティ・ニーズに合致した政策やサービスを提供する	達成済み
8. 雇用環境	
『ブリスベン都市計画2026』に掲げられた諸政策をより効率的・効果的に実施できる組織づくりを行う	達成済み
雇用の機会を提供する	努力が必要
失業率の改善をめざす	努力が必要
9. コミュニケーションの確保	
水平的・協力的なコミュニケーション・ツールを提供する	達成済み
市内・市街の市民・企業間の連携を深めるための、コミュニケーション・ツールを確保する	努力が必要
2012年までに、市の職員間に新しいサービス提供に関する認識を深める	進行中
10. 情報化	
情報化を通して、市のパフォーマンスをより効率的にする	努力が必要
2012年までに市の情報化施策に対する満足度を高める	努力が必要
情報化施策推進の恩恵を実感できるようなサービス提供を行う	努力が必要

出典：*Brisbane City Council Annual Report* 2010-2011, pp96-103.

　連邦制国家とは基本的に異なるわが国において、このような分権化が可能であるとは言えないが、地方分権・市町村合併が進み、わが国の多くの市がブリスベン並みの規模を有するようになるのであれば、政治・行政の透明性を高めるための厳しい行政評価が毎年なされることは必須となってくる。また、従来から多方面より叫ばれている都道府県改革が急務であることも再認識されるところであり、規模の拡大と権限強化により、都道府県を州政府のような、3層制構造の中で行政サービスの中心的な役割を担う主体としていくか、あるいは権限の大幅な縮小により、実質的な行政の主体を市へと移譲する2層制に類似した行政システムにしていくかの、いずれかの方向で改革していくことが望まれる。それは"財政的な無駄を省き"、"市民本位の行政を実現する"という2つの視点から、速やかに取り組むべき政策課題であり、市民主導型政策プロセスの創造を促すものであると考えられる。

第**10**章

諸外国の事情

1. "我々は米国ではない"
—独自のアイデンティティに支えられた生活大国カナダ—

カナダ（Canada）の国土面積は日本の約26倍で998万平方キロメートル、ロシアについで世界で2番目に広い面積を有する国であり、"民族のモザイク"と表現されるような、他民族国家である。カナダ各地域は厳しい寒さを共有しており、この厳寒の国土から豊かな創造力が育むまれてきたとされている。夏のカナダは心地よく開放的だが、閉じ込められた長い冬の反動として短い夏を楽しむこの時期は、創造的活動という視点から見ると、停滞期であると言える。むしろ、"雪"、"寒さ"、"大自然"等がカナダを象徴するものであり、その意味では、本当のカナダは"真冬の北方国家"である。何気ない身近な自然の中にも、目を見張るような美しさや神秘、厳しさがある。狭いスペースに、ありとあらゆるものがびっしりと詰まっている都会と異なり、草原と農地が広がる広大な大自然こそが、カナダ本来の魅力である。

カナダでは、政治的にも経済的にもアメリカ合衆国の影響力が大きい（カナダの製品輸出先の87%が米国向け、輸入先の67%も米国である）ため、"アメリカではない"という意識がカナダ人のアイデンティティを形成している。豊かな天然資源保有国であり、農林漁業の比率は日米同様低いが、それでも有数の穀物輸出国であり、世界の食料供給に貢献している。工業やサービス業を中心とする国であり、豊かな生活水準を誇る先進工業国である。学校教育に特に力を入れており、メディア・リテラシーへの取組みが世界で最も盛んな国として知られる。

カナダの教育は州政府により管轄されており、各州の教育省が日本の文部科学省のように、教育水準を設定し、カリキュラムを組むため、それぞれの地域的な特色

や文化、歴史を反映したカリキュラムが組まれることになる。また大学は一部例外を除き州立大学であるため、大学間のレベル差はなきに等しく、世界的に見ても高水準の教育を提供している。例えば、バンクーバーのあるブリティシュ・コロンビア州では、6歳〜12歳（Elementary/Primary School）、12〜17歳の中等教育（Secondary School）、18歳〜22歳（University/ College）と分けられている。OECDの学習到達度調査においても、カナダの生徒達は良好な成績を示しており、高い教育水準を誇っている。成績のばらつきが小さいことも特徴的であり、フィンランドと並んで教育水準の高い国であると言える。背景には、学校教育を大切な社会基盤と考える国民の意識と、多様性を許容しつつ確実な教育効果を上げる学校制度が存在しており、公費支出の比率が高く、教員の養成制度や免許制度も日本に比して整備されている点が特徴的である。公立学校を中心とした、州単位の教育制度であり、そこで多様な学校教育が展開されていることが、カナダ教育の特徴であると言える。

　カナダでは、総人口3161万人（2006年）の5割弱が6つの人口100万人以上の大都市圏（トロント、モントリオール、バンクーバー、オタワ、カルガリー、エドモントン）に集中しており、最大のトロント大都市圏人口は511万人、メキシコを含む北米地域で6位の規模となる。トロントへの人口一極集中は、日本における東京一極集中と同質な傾向を有し、広大な国土と少ない人口という、まさに対極にある国においても、大都市一極集中の構図を見ることができる。カナダ経済を支配するアメリカ系企業などの外資系企業の集中がその主要な要因であり、また金融経済の

中心都市として、トロントをはじめとするカナダ都市においては、多民族化が急進している。カナダの人口増加の主たる要因は移民の流入にあり、トロント、モントリオール、バンクーバーの3都市への人口流入が特に著しくなっている。

ブリティッシュ・コロンビア州

カナダの西海岸にあり、日本に一番近い都市としてのブリティッシュ・コロンビア州（英語 Province of British Columbia、フランス語 Province de la Colombie-Britannique）には、バンクーバー、ビクトリア、ウィスラーなど日本に人気の観光都市が多い。冬は雨が多いが、カナダの他州に比べて比較的温暖である。中国系、インド系、ドイツ系、フランス系、イタリア系、オランダ系、イギリス系などの様々な人種が混在している。州都はビクトリア。

ブリティッシュ・コロンビア州最大の都市であるバンクーバー（Vancouver）は、東のトロントやモントリオールと比較してはるかに北方にあり、北緯49度13分なので、日本近辺でいうとロシアのハバロフスクやサハリンの中央部に相当する。それでも温かく湿気を含んだ太平洋の暖流の影響で冬でも平均気温は氷点下にならず、夏はからっとした晴天が続いて過ごしやすい。アメリカの街が画一的なのに対して、隣接するバンクーバーは様子が全く異なり、人々の英語もインターナショナルでわかりやすいものである。

バンクーバーという地名は、ジェームズ・クックとともに1792年にここにやっ

てきて正確な海図を作成したイギリス人航海者で海軍士官のジョージ・バンクーバー (1757-98) に由来する。カナダ太平洋鉄道が 1885 年に開通し、その翌年、周辺の製材集落が一緒になりバンクーバーが誕生したが、1914 年のパナマ運河開通により、内陸部の木材や小麦等の輸出港としての地位を確立、1930 年代の戦間期に、モントリオール、トロントに次ぐカナダ第 3 の都市となった。

　周辺地域を含んだバンクーバー都市圏の面積は、神奈川県よりも少し広い 2877 平方キロ、人口は 212 万人 (2006 年度)、都市圏住民の総所得は 800~1200 億カナダドルと推定されている。バンクーバー港はカナダ最大の貿易港であり、130 カ国を相手に年間 750 億ドルの貨物を扱っている。バンクーバーはトロントとは異なるエスニック状況により発展した都市であると言えるが、それは、トロントに比べ早くからエスニック集団が存在したことに加え、太平洋岸に位置することの影響で、ブリティッシュ・コロンビア州には歴史的にアジア (特に中国と日本) からの移民が多く、バンクーバーの開拓と発展に大きく寄与してきたことに起因している。

　バンクーバーは、周辺 20 余りの自治体と併せて州の地方行政区としての"メトロバンクーバー"を形成している。都市圏人口は 210 万人であり、これはカナダ国内第 3 位の人口規模である。1867 年に製材所ができ、これらを中心とする入植地であったギャスタウンは発展を続け、グランビルとして街は拡大、東カナダから続く鉄道の終着駅が街まで敷かれることになった 1886 年に街は"バンクーバー"と改名され市政となる。林業が同市最大の産業で、都市部ながら自然に囲まれた都市として知られていることから、観光業が発達しており、同市第 2 の産業となっている。また、ハリウッドノースとも呼ばれ、北米第 3 位の規模となる映画製作拠点となっている。国際会議や国際競技が数多く開催されており、2010 年には第 21 回冬期オリンピックが開催された。

2. 人間同士の競争がない社会を求めて
―高度な福祉国家フィンランド―

　フィンランド共和国（Repbliken Finland: 通称フィンランド）は、北ヨーロッパに位置する共和制国家である。高度な福祉国家を構築しているとされる"北欧諸国"のひとつであり、西はスウェーデン、北はノルウェー、東はロシアと隣接、南はフィンランド湾を挟んでエストニアが位置している。飛行機がヘルシンキの空港に近づくと、"森と湖の国"にふさわしく、濃緑の島々の美しい眺めが眼下に広がるが、こ

の街に降り立ってみると、そこに広がる光景は、南欧に見られる白壁や煉瓦の家並み、ドイツ風の尖塔といった、いわゆる"ヨーロッパの風景"とは異なり、帝政ロシア時代のネオ・クラシカルな建築物と、スウェーデン領時代の名残、水準の高い近代建築が微妙な調和を保つものである。スウェーデンに約650年、ロシアに約100年間支配され、数々の戦争で幾度も国境線を変えられたが、それでも民族愛を失うことなく生き続けたフィンランド国民であるが、当時の支配国であったロシアの汎スラブ主義が勢いを増したのをきっかけに自国存続熱が高まり、1917年、ロシア革命と時を同じくして独立を勝ち取った。

　首都ヘルシンキ(Helsinki)は、帝政ロシア時代の1812年、ロシア皇帝アレクサンドル1世がスウェーデン寄りのトリュクに都があるのを嫌い、この地に遷都して以来、首都として、また貿易港として栄えてきた。現在の人口は616,024人、ヘルシンキ都市圏の人口は約140万人で、フィンランドで最も人口の多い自治体と都市圏を形成している。100万人以上が住む都市圏としては最北に位置する都市圏で、欧州連合加盟国の首都してもまた、最北に位置している。フィンランドの政治や教育、金融、文化、調査センター等様々な分野の中心都市であり、2011年モノクルマガジンの調査 *Liveable Cities Index 2011* で、世界で最も住みやすい都市となり、また2012年エコノミスト・インテリジェンス・ユニットの都市調査においても、総合8位にランクインしている。

　フィンランドの行政区域は、ラーニ（県に相当）、マークンタ（合同グンタ、郡に相当）、クンタ（基礎的自治体）、カウンプンキ（一部のクンタ、市に相当）に分けられ、地方自治体はクンタのレベルで最も発達している。450近いクンタが存在するがその規模は小さく、およそ6割のクンタは人口1万人未満である[10]。地方自治体で展開される行政には、広く民主的な参加が保障されており、上級公務員の地位も、クンタ長やクンタの長官と同様、その重要性が高まっている。教育や文化の向上、保健医療や各種の福祉サービス、公共交通等はすべて地方政府の責務とされる。フィンランドの国民総生産のおよそ3割が社会保障に関連するサービスに充てられ、その割合は増加している。国民年金システムを基礎とし、賃金格差の少ない、福祉国家としてのフィンランドの行政サービスの多くは、地方公務員により形成・実施されている。

3. 希少な資源、過酷な自然環境を行政主導で克服
　―シンガポール―

　乏しい資源、過酷な気象条件を、公共サービスでカバーし、小国ながらも生活大国の資質を備える国である。住宅がある（8割が公団、年金まで見越したローンで誰もが買えるように政府が供給、一部マンションは高い）、仕事がある（失業率は低い）、ということで国民の生活満足度は高いが、物価は5年連続世界一と高く、"稼ぐのは国内、使うのは海外（マレーシアや日本など周辺アジア諸国）"というのが一般常識のようである。マレー半島の南端に位置し、熱帯雨林気候のため、明確な四季はなく、平均気温が1年を通じて昼間26度、夜間でも24度、高温多湿の国である。人口は420万、そのうち中国系が76％を占め、多民族国家となっている。国語はマレー語、公用語は英語、中国語、マレー語、タミール語の4か国語、学校は2言語教育（2つを選択）であり、各民族がそれぞれの言語・宗教・文化・生活習慣を守り、お互いを尊重しながら一つの社会を作り上げている。

　国民の85％が住宅開発局が運営している高層団地に居住し、交通事情は極めて良い。MRTなど公共交通機関が充実している。常夏で四季もなく、平均気温は26.7度であるため、日本人が滞在すると体調を崩すことも多いが、日本のような健康保険がなく、自費で医療費を支払う仕組みのため、莫大な医療費かかる場合もある。

少子高齢化は日本と同様に深刻だが、わが国と異なるのは、資源が極めて乏しい国にとって一番大切なのは"人的資源"であるとの認識から、一部のエリートに英才教育を提供し、かつそれ以外の子どもにも2重・3重にシステムを敷くことで、リーダーを育てつつも、国民に行き届いた教育を提供している点が特徴的である。

　建国者ラッフルズが都市国家を形成してから、多様な移民社会が成立し、アジアの新たな試みとして、各種政府主導の政策を展開する。厳しい規制と罰金制度は有名で、管理国家の諸相を呈しているが、国民はむしろそれを誇りに思い、厳しいながらも行き届いた行政サービスに強い不満はない。シンガポール国立大学（NUS）などは留学生が多く、同時に世界の有名大学への留学生も多く、海外志向が強い。

　目覚ましい経済発展をとげても、反福祉国家の考え方を採用し、限定的な福祉政策を展開する。"個人の自立を促すこと"と"困窮者への支援は家族が担うべきである"という理念が根本にあるため、税金を用いた社会的な支援は短期的で一時的なものとなっている。"貧困者や障害者には雇用機会を与えて自立を促す（自助）"、"支援は政府や企業、宗教団体やボランティア団体など「多くの援助者」によりなされるべき"、"医療はサービス産業であり、民営化されるべき"、という方針が採用されている。結果として、高齢になっても雇用市場に参加し続け、財政的に独立した経済状態を維持し続けることが求められる点が、わが国と同様に少子高齢化が進むシンガポールにおいて大きく異なる点である。

外交面では、対マレーシア関係は対立から友好へと変化し、アメリカに経済と安全保障を依存、経済は低成長時代を迎えた成熟国家である。都市交通政策は公共交通の充実と自動車の需要管理により整備され、観光産業を中心に、強く巨大な政府が国を支えている。安定支配は国家の生存と繁栄の基礎とされ、人民行動党の一党独裁体制が長く続いている。シンガポール安定の要は"治安維持法"であり、治安は極めて良好である。

4. 温かい国の社会主義は不要？
   ―動物園になるベトナム―

観光ブームと経済発展に湧くベトナムだが、"飲み物はぬるい、ぼったくり、警察もいるだけで機能せず、スピード違反はあたりまえ、皆働かずお話に夢中、夕方は路上でぼんやりする人であふれる"、まさに南国の動物園を彷彿させるベトナムである。

社会主義国であるため、人々は家も仕事も有していて、ホームレスではないが動物園の動物のように、一生懸命働くインセンティブがない人であふれている。同時にルールがないため、様々な社会問題を抱えている。不安定なマクロ経済、ぜい弱な産業基盤、遅れるインフラ整備、環境意識の未成熟、党・政府の人材不足、深刻

な汚職腐敗問題、難しい中国との距離感など、問題をあげればきりがないが、ベトナム人自身は楽観主義で、"ODAという駆け込み寺と「計画」があれば大丈夫"と、悩む様子は見られない。バイクは最強の輸送手段であり、マスクとサングラス姿のバイクが街をかけめぐる。南北統一の悲願がかない、長い「戦時体制」は終焉したが、戦争を知らない世代が生む新たな社会問題として、ホーチミン思想の曖昧さと共産党指導部の悩み、北の大国・中国との向き合い方の難しさなど、外交関係も問題が多い。生活大国をめざし、バランスの取れた財政配分、暮らしやすさが追求されるが、人々は群れてはいるがチームワークは苦手であり、パジャマで外出も当たり前と、開発途上国の様相から脱しきれない側面が多々存在する。ベトナム戦争の影響で高齢者がいないため、高齢化の問題は深刻ではないが、"暇をつぶす男と働く女"という印象が否めないように、温かい国の社会主義国はルーズな社会を生み出すようである。

　正式名はベトナム社会主義共和国、面積32万、人口9340万の社会主義共和制であり、大統領制(国家主席)、80%が仏教徒、公用語はベトナム語、熱帯モンスーン気候に属する。寒くかつ貧しい国、人口の多い大国ロシアでは、計画経済と厳格な平等主義に基づく社会主義が必要だったかもしれないが、それでも政治まで一党独裁にすることは独裁者を生み出し、一部の富裕層が富を独占する結果となる。一般庶民は貧しいラインで平等が実現されてしまい、かつ計画経済により働くインセン

ティブが乏しくなるため国力が低下。やはり社会主義国には限界があるように考えられる。

5. 1国2制度下での展開
―香港―

　中華人民共和国香港特別行政区（Hong Kong Special Administrative Region of the People's Republic of China: 通称香港）は、地理的に珠江デルタ及び南シナ海に囲まれた中華人民共和国南岸に位置する特別行政区である。広大なスカイライン及び深い天然の港湾で知られ、1,104平方キロメートルの面積に700万人を超える人口を有する世界有数の人口密集地域である。ロンドンおよびニューヨークについで世界第3位の国際金融センターに格付けされ、低税率および自由貿易を特徴とする重要な資本サービス経済を有し、通貨の香港ドルは世界第8位の取引高を有している。人間開発指数は全面的に高く順位付けされるが、それは香港が交易中継地であり、交通や金融の要衝にあるという点に由来し、商品や資本がそこを経由することにより、取引上有利であることから、貿易中枢機能や決済機能を果たす、世界有数の経済都市である。

　香港の面積は東京23区の約2倍程度にあたる。サバナ気候に属し、秋・冬は温暖で乾燥しており、春・夏は海からの季節風と熱帯低気圧の影響で高温湿潤という気候である。人口707万1576人（2011年現在）、人口密度6540人（2010年）。18の行政上の下部地域が構成されている

　香港の政治の特徴は、香港返還後に施行された一国二制度にある。イギリス時代の行政・官僚主導の政治から、一定の制限の下での民主化および政党政治への移行期に当たり、社会主義国である中華人民共和国の中で、2047年まで資本主義システムが継続して採用されることになっている。香港の政治は"香港特別行政区基本法"において行われ、同法は、国際関係及び軍事防衛以外の全ての事項において香港が、高度な自治権を有することを規定している。複数政党制であるが、立法会の70議席のうち30議席を少数の有権者が支配していることから、先進経済諸国の中では、政治的権利において最下点で、"欠陥民主主義"に分類されている。

　香港は、1942年の南京条約によりイギリスに割譲され、その後1997年に中国に返還されるまでの約50年間、イギリスの統治下ともとで、政治や行政の各種制度を発展させてきた。1942年当時、アヘン戦争に敗れた清朝は"南京条約"を結んで

イギリスに香港島を永久割譲することになり、再度イギリスに敗れた清朝は、1958年天津条約を結び、九龍半島をイギリスが租借することになる。1860年・北京条約により九龍をイギリスに割譲（九龍をイギリスに永久割譲）、イギリスの要求は更に続き、1898年、イギリスが新界と離党地域の99年間の租借が決定される。1941年、太平洋戦争が始まった2週間後の12月25日に日本が香港を占領するが、1945年の日本軍降伏により香港の宗主国は再びイギリスとなる。1949年中華人民共和国が誕生するも、香港島におけるイギリスの利権は維持されたままであったが、鄧小平率いる中国政府とサッチャー首相率いるイギリス政府の間で、1982年に香港返還交渉が開始される。1984年中英共同宣言により香港の返還が正式に決定され、1997年7月1日、香港島の中国への返還が実現する。香港は中国の特別行政区としての新しくスタートすることになる。

1997年7月1日、英国植民地時代に終止符を打ち、香港は中国に返還されたが、その後は"高度な自治権"を授権され、"一国二制度"下の香港としての歴史が始まることになる。返還前の香港では、政府高官が政策決定と執行を担当し、"強い官僚、弱い議会"という伝統が育まれ、高官が実際の統治者であるという"行政主導"の政治形態が確立していた。香港には、英国占領下に確立された、優れたシステムに依拠したハイグレードな行政機能（通称"香港公務員制度"）が存在し、この官僚機構は香港の英国統治下で、香港の安定と反映を支える重要な要因として機能してきたとされる。返還後もイギリス型の香港官僚機構はほぼそのまま踏襲されたが、近年では、議会勢力も台頭しており、これは行政主導型への挑戦、民主化の模索と見られている。

香港は基本的には低負担低福祉の自由競争社会として成功を収めてきた。社会主義国家中国の支配下で、自由の維持と民主化の継続が可能であるのか注目されてきたが、経済的に見れば、返還後の香港経済は、大陸との関係緊密化により、その繁栄と安定を維持してきたと言える。中国の高度経済成長により香港の求心力は増大し、かつて中国の近代化のエンジン役と想定された香港は、むしろ大陸の経済成長から受益する立場へと変化した。返還後の両者の関係は、冷戦が生み出した分裂国家の再統一という側面を有しながら、うまく機能していると評価されている[11]。現在、人口の高齢化が進み、社会保障の欠如が社会問題化しているが、低負担低福祉の自由競争社会として成功してきた香港が、今後はどのような道に進むのかについては、まだ明確化されていない。

1970年代に官僚機構の腐敗に着目した香港政府は、公的セクター・私的セクター

ともに腐敗を除去する政策を中心に展開し、極めて優秀な、中央主導型の官僚システムの構築に成功した。その結果、香港の官僚機構や市民向けサービスは比較的に向上し、1990年代初期には、公共機関を横断的に監視し、行政サービスの質的向上を図るための専門機関（Efficient Unit）も設立された。このような努力により、香港官僚機構の生産性は飛躍的に向上することとなった。

　多くの福祉国家が、理想の社会を求めて試行錯誤を繰り返す。進むべき方向性がはっきりせず、少子高齢化で沈没しそうなわが国であるが、世界に類例を見ない少子高齢化の進行という社会状況の中と厳しい財政環境の中で、福祉国家としてのわが国の試行錯誤も、絶え間なく続いている。本書が、日本版福祉国家の形成に少しでも寄与できれば幸いである。

注)
1) 1967年に認証されて以来、既に1700人を超える卒業生を輩出しており、その大多数が諸行政組織のキャリア公務員として活躍している。例えばサンリエンドロ市（City of San Leandro）のシティ・マネジャー（City Manager）である Michael Oliver 氏、サンカルロス市（City of San Carlos）のシティ・マネジャー（City Manager）である Michael Garvey 氏、オークランド市（City of Oakland）の警察庁長官（Chief of Police）である Joseph Samuels 氏、ペイドモント市（City of Piedmont）のシティ・アドミニストレータ（City Administrator）である Geoff Grote 氏などが、その卒業生として挙げられる。
2) Option1: Public Policy Development, Option2: Public Management, Option3: Health Care Administration, Option4: Organizational Change の4つのコースから選択。ダブルオプションの制度あり。
3) グランゼコール（GrandesEcoles）はフランス独自の高等専門教育機関であり、行政領域のみならず、医学・神学を除くいずれの専門分野においても、高度専門職養成機関としての役目を果たしている。フランス全土に約200校ほどあり、歴史のある学校が名門とされる場合が多い。
4) 時澤忠「フランス国立行政学院における研修について」山梨学院大学行政研究センター『政策課題と研修』第一法規、1992年、60-74頁。
5) 時澤忠、前掲論文、62頁。
6) 時澤忠、前掲論文、69頁。
7) オーストラリアの概況については、（財）自治体国際化協会『オーストラリアとニュージーランドの地方自治：Local Government of Australia and New Zealand』2008年、1-2頁より引用。
8) クィーンズランド州は別名"Sunshine State"とも呼ばれ、1年中晴天と温暖な気候に恵まれることから、ブリスベン市の観光産業は州・市の有力な財源となっている。人口は1976年代から継続的に増加しており、また経済成長率も1.4%前後の増加率を常に維持している。また、クィーンズランド州だけで日本国土の6倍の面積を有している。
9) スーリー市長は、市民は自治体にとって顧客であると同時にオーナーであり、パートナーであるという立場を取り、コミュニティー補助金制度など、様々な市民主導の活動を行政が後押しする政策

を展開し、市民の 93% が行政サービスに満足するという驚異的な数値を獲得した。市長を 4 期勤め、2003 年に市長職を退任した後は、「国際河川財団」を立ち上げる等、引き続き重要施策の継続的な実施のためのプログラム作りに取り組んでいる。

10）マルッティ・ハイキオ著・岡沢憲夫監訳『フィンランド現代政治史』早稲田大学出版会、2003 年、106 頁。

11）倉田は、香港の人事制度（中央政府による香港政府高官の任命権の行使）および選挙制度（親政府派が行政長官に就任し、立法議員の過半数を占める制度設計）を通じて、中国政府が香港政府や政治エリートに一定の統制を保っていることを明らかにしている（倉田徹『中国返還後の香港―「小さな冷戦」と一国二制度の展開』名古屋大学出版会、2009 年）。

参考文献

1. 和書文献（筆者五十音順）

青木一能・野口定彦・岩崎正洋編『比較政治学の視座』新評論、1998 年。

浅野正彦『市民社会における制度改革』慶應義塾大学出版会、2006 年。

安藤裕「重層的な人材育成で専門知識・技術の継承を測る：東京都」『ガバナンス』第 99 巻、2009 年 7 月。

井形昭弘「高齢社会を支える人材育成」『都市問題研究』第 53 巻 11 号、2001 年 11 月。

伊藤修一郎『自治体政策過程の動態』慶應義塾大学出版会、2002 年。

伊藤実「地域における産業振興と人材育成」『自治体学研究』第 87 巻、2003 年 9 月。

稲継裕昭『現場直言：自治体の人材育成』学陽書房、2009 年。

稲継裕昭「人材育成と人事評価制度」『月刊自治フォーラム』第 547 巻、2005 年。

岩崎美紀子『比較政治学』岩波書店、2005 年。

上神貴佳・堤英敬編『民主党の組織と政策』東洋経済新報社、2011 年。

大河内繁男「自治体の人材育成と任用制度」『都市問題』第 81 巻 3 号、1990 年 3 月。

大木啓介『公共政策の分析視角』東信堂、2007 年。

大住荘四郎『行政マネジメント』ミネルヴァ書房、2010 年。

大橋洋一編『政策実施』ミネルヴァ書房、2010 年。

大森彌『官のシステム』東京大学出版会、2006 年。

金井利之『実践自治体行政学―自治基本条例・総合計画・行政改革・行政評価―』第一法規、2010 年。

川本隆史『ロールズ』講談社、1997 年。

金宗郁『地方分権時代の自治体官僚』木鐸社、2009 年。

京極純一「社会保障と政治過程」『社会保障研究』第 32 巻 4 号、1997 年、291-396 頁。

草野厚『政策過程分析入門』東京大学出版会、1999 年。

草野厚編著『政策過程分析の最前線』慶應義塾大学出版会、2008 年。

小林良彰『公共選択』東京大学出版会、1988 年。

小林良彰『現代日本の政治過程』東京大学出版会、1997 年。

小林良彰『地方自治の実証分析』慶應義塾大学出版会、1998 年。

小堀喜康「人材育成型人事考課制度の設計思想：目標管理とコンピテンシーの活用」『季刊都市政策』第 120 巻、2005 年。

佐々木信夫『自治体政策』日本経済評論社、2008 年。

自治研修協会地方自治研究資料センター編・発行『人材育成と連携した人事管理のあり方に関する調査研究』1998 年。

自治研修協会地方自治研究資料センター編・発行『地方自治体における人材育成の諸方策に関する調査研究　地方公共団体における中高年職員の活用方策に関する調査研究』1991 年。

自治総合センター編・発行『地域における創造的人材育成のあり方に関する調査研究報告書』1990 年。

自治体国際化協会『オーストラリアの概況及び地方行政事情』2008 年。

自治体国際化協会『オーストラリアとニュージーランドの地方自治』2008 年。

市町村アカデミーにおける人材育成に関する研究会編・発行『市町村アカデミーにおける人材育成について』2008 年。

柴田啓次「自治体における人材育成の動向」『都市問題』第 81 巻 3 号、1990 年 3 月。

下条美智彦「ネットワーク社会に向けての人材育成」『都市問題』第 81 巻 3 号、1990 年 3 月。

下田博次「NPO の経営と人材育成」『都市問題』第 91 巻 1 号、2000 年 1 月。

白石興司「彩の国さいたま人づくり広域連合における人材育成の取組について」『地方公務員月報』第 436 巻、1999 年 11 月。

鈴木康夫「政策法務と人材育成」『地方公務員月報』第 447 巻、2000 年 10 月。

A. セン著、大庭健・川本隆史訳『合理的な愚か者』勁草書房、1982 年。

全国市町村振興協会市町村職員中央研修所編・発行『市町村アカデミー十年史：分権の時代の人材育成の歩み』1997 年。

A．ダウンズ著、渡辺保男訳『官僚制の解剖』サイマル出版会、1975 年。

田尾雅夫『ヒューマン・サービス組織』法律文化社、1987 年。

高村義晴『地方自治体の公共意思決定』日本経済評論社、2003 年。

武川正吾・白波瀬佐和子編著『格差社会の福祉と意識』東京大学出版会、2012 年。

田中弘昭「民間企業の人材育成事例と地方公共団体への活用」『都市問題研究』第 51 巻 9 号、1999 年 9 月。

土山希美枝・大矢野修編『地域公共政策をになう人材育成—その現状と模索』日本評論社、2008 年。

東京都労働経済局総務部企画調整課編・発行『東京の労働 '96　勤労者のライフスタイルの変化と企業の人材育成』1996 年。

東京都労働経済局総務部企画調整課編・発行『東京の労働 '97　都内サービス業の雇用管理と人材育成』1997 年。

外山公美編『データで見る行政管理』南窓社、1999 年。

とよなか都市創造研究所編・発行『次世代を担う豊中市職員の人材育成のあり方に関する基礎研究』2008 年。

仲林真子『国と地方の公共政策』晃洋書房、2008 年。

西尾勝『行政学』有斐閣、1993 年。

西村清司編『人材育成と組織の革新』ぎょうせい、2002 年。

日本 ILO 協会編集・発行『欧米の公務員制度と日本の公務員制度—公務労働の現状と未来—』2003 年。

野村武夫『「生活大国」デンマークの福祉政策：ウェルビーイングが育つ条件』ミネルヴァ書房、2010 年。

平野浩・河野勝編『アクセス日本政治論』日本経済評論社、2011 年。

福岡県都市研究センター都市行政研究会編・発行『地方分権時代の人材育成』2000 年。

福原宏幸「自治体人事管理・人材育成の展望：大阪市を中心に」『市政研究』第 123 巻、1999 年 4 月。

藤井清美「大阪市の人材育成の取組み」『都市問題研究』第 60 巻 6 号、2008 年 6 月。

真渕勝『官僚』東京大学出版会、2010 年。

三浦俊一「人材育成を基調とした人事管理改善について」『都市問題研究』第 51 巻 9 号、1999 年 9 月。

水口憲人『「大きな政府」の時代と行政』法律文化社、1995 年。

宮田伸朗「卒後教育の充実による人材育成」『月刊福祉』第 90 巻 12 号、2007 年 11 月。

村松岐夫『地方自治』東京大学出版会、1988 年。

村松岐夫編『公務員制度改革—米・英・独・仏の動向を踏まえて—』学陽書房、2008 年。

持田信樹編『地方分権と財政調整制度』東京大学出版会、2006 年。

安野智子『重層的な世論形成過程』東京大学出版会、2005 年。

山口泰弘「福祉オンブズマンの役割と人材育成」『都市問題』第 93 巻、2002 年 9 月。

山中俊之『公務員人事の研究』東洋経済新報社、2006 年。

山梨学院大学行政研究センター編『政策課題と研修』第一法規、1992 年。

山本清『政府部門の行政主義人事管理』多賀出版、1997 年。

横道清孝「圏域における新しいマネジメントと人材育成」『月刊自治フォーラム』第 599 巻、2009 年 8 月。

横森豊雄「中心市街地活性化のためのまちづくり組織」『月刊自治フォーラム』第 572 巻、2007 年 5 月。

横山外茂二「人材育成と連携した人事管理制度改革」『月刊自治フォーラム』第 547 巻、2005 年 5 月。

横山照康「人材育成を最大の課題に：長井市」『地域開発』第 454 巻、2002 年 7 月。

D．ワルドー著、岩崎克明訳『行政国家』九州大学出版会、1986 年。

2．洋書文献（筆者アルファベット順）

Alexander, E. R., "Improbable Implementation: The Pressman-Wildavsky Paradox Revisited", *Journal of Public Policy,* vol.9, 1989, pp.451-465.

Alexander Pacek and Benjamin Radcliff, Assessing the Welfare State: The Politics of Happiniess", *Perspectives on Politics,* vol.6, no.2, 2008.

Alteriis, M. D., "Local Governmetns as Implementators of Public Policy", *Policy Studies Review,* vol.9, no.4, 1990, pp.756-773.

Anderson, J. E., *Public Policy-Making*, Praeger Publishers, Inc., 1975.

Ashford, D. E., "The Structural Comparison of Social Policy and International Politics", *Policy and Politics*, vol.12, no.4, 1984.

Australian Government, *Australia to 2050: Future challenges: the 2010 intergovernmental report*, 2010.

Billis, D., *Welfare Bureaucracy: Their Design and Change in Response to Social Problems*, Heinemann Educational Books Ltd., 1984.

Boreham,P., Hall, R. and Leet, M., "Labour and Citizenship: The Development of Welfare State Regimes", *Journal of Public Policy*, vol.16, no.2,1996, pp.203-227.

Bortheman, P., Hall, R. and Leet, M., "Labour and Citizenship: The Development of Welfare State Regimes", *Journal of Pubic Policy*, vol.16, no.2, 1996, pp.203-227.

Bruno Dente and Francesco Kjellberg (eds.), *The Dynamics of Institutional Change: Local Government Reorganization in Western Democracies*, Saga Publications, *Comparative Politics*, vol.21, 1989, pp.379-404.

Cohen, G.A., "Are Freedom and Equality Compatible?" in Elster and Moene eds., *Alternative to Capitalism,* Cambridge University Press, 1989.

Cothran, D. A., "Japanese bureaucrats and Policy Implementation: Lessons for America?", *Policy Studies Review,* vol.6, no.3, 1987, pp.439-457.

Dacon, B. and Hulse M., "The Making of Post-communist Social Policy,: The Role of International Agencies", Journal of Social Policy, vol.26, no.1, pp.53-62.

Dahl, R., *Modern Political Analysis*, Prentice-Hall, 1963.

Derthick, M., *Uncontrollable Spending for Social Services Grants*, The Brokings Institution, 1975.

Dreze, J. and A. Sen, "Public Action for Social Security: Foundations and Strategy", in Ahmad, E., Dreze, J., Hills, J. and S. Sen, eds., *Social Security in Developing Countries*, Oxford Studies in Ancient Philosophy, Supplementary Volume, 1991, pp.145-184.

Dunleavy, P., *Bureacrats and Democracy*, London: Harvester Wheatsheaf, 1991.

Dunleavy, P., *Politicans, Bureaucrats and Democracy*, London: Harvester Wheatsheaf, 1991.

Ellis, K., Davis, A., and Rummery, K., "Needs Assessment, Street-level Bureaucracy and the New Community Care", *Social Policy & Administration*, vol.33, no.3, 1999, pp.262-280.

Erik Lindqvist and Robert Ostling, "Political Polarization and the Size of Government", *American Political Science Review*, vol.104, no.3, 2010.

Evers, A. and Winterberger, H. eds., *Shifts in the Welfare Mix: Significant Features in Countries with Market Economy*, Westview Press, 1990.

Feldman, S., "The Poltical Culture of Ambivalence: Ideological Responses to the Welfare State", *American Journal of Poltical Science*, vol.36, 1992, pp.268-307.

Fitzpatrick, T., *Welfare Theory*, Palgrave, 2001.

Fording, R. C., "The Political Response to Black Insurgency: A Critical Test of Competing Theories of the State", *American Political Science Review*, vol.95, no.1, 2001, pp.115-130.

Forte, F., "The Laffer curve and the theory of fiscal bureaucracy", *Public Choice*, vol.52, 1987, pp.101-124.

Gawson, A., *Corporatism and welfare, Social Policy and State Intervention in Britain*, Heinemann Educational Books, Ltd., 1982.

Gidron, B., Kramer, R., and Salamon, L. M. eds., *Government and Third Sector: Emerging Relationshipis in Welfare States*, Jossey-Bass, 1992.

Greenley, J. R., Jan S. Greenberg, and Roger Brown, "Measuring Quality of Life: A New and Practical Survey Instrument", *Social Work*, vol.42, no.3, 1997, pp.244-254.

Grossman, P. J., "The optimal size of government", *Public Choice*, vol.53, 1987, pp.131-147.

Hibbing, J.R. and Theiss-Morse, E., "Process Preference and American Politics: What the People Want Government to Be", *American Political Science Review*, vol.95, no.1, 2001, pp.145-152.

Hill, M., *The Policy Process*, Harvard Wheatsheaf, 1993.

Huemer, M., "Rawls's Problem of Stability", *Social Theory and Practice*, vol.22, no.3, 1996, pp.377-395.

Hughes, B., "A Model for the Comprehensive Assesment of Older People and Their Carers", *British Journal of Social Work,* vol.23, 1993, pp.345-64.

"Bureaucracy", *American Political Science Review*, vol.85, no.3, 1991, pp.829-850.

Jong S. Jun, "Changing Perspectives on Organizational Culture: Embracing Multiculturalism", *Journal of Public Administration*, vol.19. no.3, 1996, pp.345-375.

Jong S. Jun, "Dialectic Between the Private Realm and the Public Realm: Renewing debate on the public good", *Administration Theory and Praxis*, vol.19. no.2, 1997, pp.238-245.

Jong S. Jun and Mario A. Rivera, "The Paradox of Transforming Public Administration", *American Behavioral Scientist*, vol.41. no.1, 1997, pp.132-147.

Jong S. Jun, *The Social Construction of Public Administration*, State University of New York Press, 2006.

Laing, J.D. and Slotznick, B., "The pits and the core: Simple collective decision problems with concabe preferecnes", *Public Choice,* vol.66, 1990, pp.229-242.

Leibfried, S., "Spins of (Dis)Integration: What Might 'Reformers' in Canada? Learn from the 'Social Dimension' of the European Union?", *Social Policy and Adminstration*, vol.32, no.4, 1998, pp.365-388.

Mcknight, J., *The Careless Society: Community and its Counterfeits*, Basic Books, 1995.

Means, R. and Langan, J., "Charging and Quasi-Markets in Community Care: Implications for Elderly People with Dementia", *Social Policy and Administration*, vol.30, no.3, 1996, pp.244-262.

Miller, S.M., "New Welfare State Models and Mixes", *Social Policy*, vol.17, no.2, Fall, 1986, pp.10-18.

Mishra, R., *The Welfare State in Capitalist Society, Policies of Retrenchment and Maintenance in Europe, North America and Australia*, Harvester Wheatsheaf, 1990.

Moene, K.O. and Wallerstein, M., "Inequality, Social Insurance, and Redistribution", *American Political Science Review*, vol.95, no.4, 2001, pp.859-874.

Nagel, S.*, The Policy Process,* Nova Science Publishers, Ins. 1999.

Nakamura, R.T. and Smallwood. F., The Politics of Policy Implementation, St. Martin's Press, 1980.

Noggle, R., "Rawls's Just Savings Principle and the Sense of Justice", *Social Theory and Practice*, vol.,23, no.1, 1997, pp.27-51.

Paden, R., "Rawls's Just Savings Principle and the Sense of Justice", *Social Theory and Practice*, vol.23, no.1, 1997, pp.27-51.

Page, E., "Laws as an Instrument of Policy: A Study in Central-Local Government Relations", *Journal of Public Policy,* vol.5, no.2, 1985, pp.241-265.

Philipp Pehm, Jacob S. Hacker and Mark Schlesinger, "Insecure Alliances: Risk, Inequality, and Support for the Welfare State", *American Political Science Review*, vol.106, no.2, 2012.

Samson C., and South, N., eds, *The Social Construction of Social Policy: Methodologies, Racism, Citizenship and the Environment*, Macmillan Press Ltd., 1996.

Schmidtz D., and Goodin, R. E., *Social Welfare and Individual Responsibility*, Camgridge University Press, 1998.

Schram, S., and Joe, S., "The Real Value of Welfare: Why Poor Families Do Not Migrate", *Politics and Society*, vol.27, no.1, 1999, pp.39-66.

Sinclair, I., Stanforth, L., and O'Connor, P., "Factors Predicting Admission of Elderly People to Local Authority Residential Care", *British Journal of Social Work,* vol.18, 1988, pp.251-268.

Sen, A. K. *Collective Choice and Social Welfare*, San Francisco: Holden-Day. Republiched, Amesterdam: North-Holland, 1979.

"Analysis", *Econometrica*, vol.45, 1977, pp.1539-1572.

Sen, A. K., "Utilitarianism and Welfarism", *Journal of Philosophy*, vol.76, 1979, pp.463-489.

Sen, A. K., "Well-being, Agencies and Freedom: The Dewey Lectures 1984", *Journal of Philosophy*, vol.82, 1985, pp.169-221.

Suzumura, K., "Welfare, Rights, and Social Choice Procedure: A Perspective", *Analysis and Kritik,* vol.18, 1996, pp.20-37.

■著者紹介

内海　としみ

1974 年東京都生まれ、慶応義塾大学大学院法学研究科後期博士課程修了。博士（法学）。
社会福祉士。専門は行政学、福祉政策研究。
大学で教育に従事するとともに社会福祉士として活動中。

ポスト福祉国家の展開　―理想の国を求めて―

2018 年 9 月 25 日　第 1 刷発行

著　者　内海　としみ　　©Toshimi Utsumi, 2018
発行者　池上　淳
発行所　株式会社　青山社
　　　　〒 252-0333　神奈川県相模原市南区東大沼 2-21-4
　　　　TEL　042-765-6460（代）　　　　FAX　042-701-8611
　　　　振替口座　00200-6-28265　　　　ISBN　978-4-88359-355-2
　　　　URL　http://www.seizansha.co.jp　　E-mail　contactus_email@seizansha.co.jp
印刷・製本　株式会社シナノパブリッシングプレス

落丁・乱丁本はお取り替えいたします。　　　　　　　　　　　　　　　Printed in Japan
本書の内容の一部あるいは全部を無断で複写複製（コピー）することは
法律で認められた場合を除き、著作者および出版社の権利の侵害となります。